**Introducing PuzzleWhiz: Your Weekly Brain Boost!**

Are you ready to supercharge your brain, sharpen your mind, and have a blast doing it? Welcome to **PuzzleWhiz**, your ultimate companion for weekly mental challenges that are as fun as they are brain-boosting! Designed to keep your mind sharp and entertained, PuzzleWhiz is the perfect way to unwind while giving your cognitive skills a serious workout.

**Why Choose PuzzleWhiz?**

- **Fresh Challenges Every Week:** Each issue of PuzzleWhiz Word Search is packed with a new set of thrilling puzzles, No two weeks are the same, keeping you on your toes with fresh challenges designed to engage and excite.

- **Scientifically Proven Brain Benefits:** Did you know that solving puzzles regularly can improve memory, enhance problem-solving skills, and even boost IQ? PuzzleWhiz offers a fun and engaging way to keep your brain active, with puzzles that are scientifically proven to benefit mental health.

- **Perfect for All Ages:** Whether you're 8 or 80, PuzzleWhiz is designed to challenge and delight every puzzle enthusiast. It's the perfect way to spend quality time with family or enjoy some well-deserved "me time."

- **Stay Ahead with Monthly and Yearly Subscriptions:** Don't miss a single issue! Subscribe monthly and get 4 exciting issues delivered straight to your door—or go all-in with our **Yearly Bundle** of 52 issues, including a special edition that you can't find anywhere else!

- **Exclusive Special Editions:** Our annual subscribers receive a **Special Edition** packed with bonus puzzles, expert tips, and exclusive content that takes your puzzle-solving skills to the next level. This edition alone is worth the price of admission!

**Your Subscription Options:**

1. **Weekly Thrills:** Grab your PuzzleWhiz every week and enjoy fresh, exciting puzzles that will keep your brain buzzing.

2. **Monthly Bundle of 4:** Save more and stay ahead of the game! Get a bundle of 4 issues delivered each month, ensuring you never miss a week of mental fun.

3. **Yearly Subscription with Special Edition:** The ultimate package for puzzle enthusiasts! Get 52 weeks of PuzzleWhiz plus a collectible special edition that celebrates the very best of brain challenges with exclusive puzzles, brain-boosting tips, and more.

**Don't Just Play—Train Your Brain with PuzzleWhiz!**

With PuzzleWhiz, every week is a new opportunity to challenge your mind, improve your cognitive skills, and have a blast doing it. Our puzzles aren't just games—they're brain workouts designed to keep you sharp, focused, and ready for anything life throws your way.

**Why PuzzleWhiz and What does it offer?**

PuzzleWhiz isn't just another puzzle book—it's your gateway to a world of endless mental challenges, creativity, and fun. Whether you're a seasoned puzzle solver or just looking for a way to keep your mind sharp, PuzzleWhiz is crafted to be the perfect companion for everyone.

Here's why PuzzleWhiz is the best choice: Puzzles are more than just a pastime; they are powerful tools that challenge and stimulate the human mind. From word games to number challenges, puzzles engage cognitive functions, enhance problem-solving skills, and boost mental agility. Research shows that engaging in puzzles can improve brain function, memory, and even delay cognitive decline, making them invaluable for people of all ages. Below, we explore a variety of puzzles and their specific benefits to the human mind and life.

---

**Word Search**

A word search is a puzzle that requires players to find hidden words in a grid of letters. Words can appear horizontally, vertically, or diagonally.

Word searches are simple, yet addictive. There's nothing quite like the thrill of spotting a tricky word hidden in plain sight! From quick 5-minute puzzles to deeper, more challenging hunts, this book will take you on a journey through themed words you'll love. Grab your favorite pen or pencil—let's get started!

**Importance:** Word searches improve pattern recognition, vocabulary, and spelling skills. They also enhance visual scanning and focus, which are critical skills in everyday tasks. Studies have shown that word search puzzles activate the brain's language and memory areas, contributing to cognitive resilience (Smith, 2020).

**Tips to Tackle Word Search Puzzles Like a Pro**

Here are some tried-and-true tips to help you master these puzzles:

1. **Give the Grid a Quick Look:** Skim the puzzle first to see if any words jump out right away. It's a good way to get the momentum going.

2. **Start with Unique Letters:** Words with unusual letters—like X, Z, or Q—are easier to spot. Zero in on those first.

3. **Think in All Directions:** Words can run vertically, horizontally, diagonally, or even backward. Stay flexible!

4. **Mark as You Go:** Cross out words once you find them—it keeps things neat and avoids confusion.

5. **Use the Word List for Hints:** If you're stuck, go back to the word list to break it down. Look for starting letters or clusters.

6. **Take Breaks if Needed:** Don't get frustrated, sometimes stepping away and coming back with fresh eyes makes all the difference.

7. **Watch for Overlaps:** Keep an eye out, some puzzles are sneaky with words sharing letters!

## Why Word Search Puzzles Are Amazing for You

Solving word searches isn't just fun, it's actually great for your brain and well-being!

- **Builds a Better Vocabulary:** You'll learn new words and strengthen your spelling without even realizing it.

- **Improves Focus and Attention:** Word searches train your brain to focus, ignore distractions, and stay on task.

- **Strengthens Pattern Recognition:** Spotting patterns in puzzles carries over to real-life problem-solving skills.

- **Relieves Stress:** There's something incredibly relaxing about getting lost in a good puzzle—it's like meditation!

- **Keeps Your Brain Sharp:** Word searches keep your mind active and may help prevent memory loss over time.

- **Encourages Quick Thinking:** The more puzzles you do, the faster your brain gets at finding solutions.

- **Brings People Together:** Whether you're competing or collaborating, solving puzzles with others makes for great bonding moments.

This book isn't just about finding words—it's about finding joy, challenge, and a sense of accomplishment. Each puzzle offers a mini-adventure, and with every word you find, you're training your brain to think sharper and faster. So what are you waiting for? Dive in, enjoy the hunt, and watch those words come alive!

Happy puzzling!

**Subscribe today and become part of the PuzzleWhiz community!** Weekly excitement, monthly bundles, and yearly specials await. Don't miss out—your brain will thank you!

**References**

- Smith, A. (2020). The Impact of Word Search Puzzles on Cognitive Function. *Memory and Language Journal*

# SUBSCRIBE

**PUZZLEWHIZ**

Name:

___________________________________________

Address:

___________________________________________
___________________________________________

Postcode: __________     Phone: __________________

Email: __________________

**Subscription**

Weekly ☐   Monthly ☐   Yearly ☐

**Please fill the form and send it by email to:**
**PuzzleWhizPub@gmail.com**

Payment Information will be sent to your email and phone.

# Puzzle # 1

```
S K A E R T S B D L N K M G C U S T P J U J N
Y A E L U C E L O M T P B F B G A S A C Y F S
A P T M A G N E T A R S W Y B A N O F I Z Z O
U H J U W U Z A Z G D X T G M E N L A X K M I
D S N A R J T D X S T R E S E D Q A I H E F Y
E E T B H N Y R J G B B Y Z P T C R L V P M X
T E M H Y N I F R A T X P T W N I S S Y C X Z
I R Z F E F I N A O D L G P B E T L Q H S H D
M G Z O D I A C E L L U W H L M B A B N A I M
I E B Q K S J G W R C D W K I I R K H E T E S
L D U B C I T O B O R O L L S D D E Z P A L O
N F A T M O S P H E R E N M H E Y F Q S L O X
U D Q E L P I R T E G Y T S A S W I U E C A N
G N I M M A R G O R P L X V T R P R D M J Q S
P U X C E V N C E S R A P C I Q I B P Y G N R
M X V B T O P S I A O C N B L N A N R K O N I
C E E H O W H E U E X F U A G O B X E M M R D
G S I L B B N H V S Q D E D O Z O X L R R S V
```

| | | |
|---|---|---|
| ATMOSPHERE | ZODIAC | PARSEC |
| MAGNETARS | PROGRAMMING | SATURNINE |
| FALCON | DEGREES | LAKE |
| SEDIMENT | SPOT | ROBOTIC |
| ALPHA | MOLECULE | UNLIMITED |
| SOLAR | ANALYSIS | MEASURING |
| MARINER | DESERTS | SEA |
| MONS | STREAK | TRIPLE |

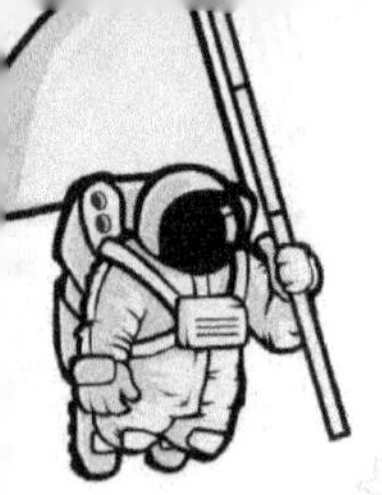

# Puzzle # 2

| | | |
|---|---|---|
| GAMMA | LAUNCHED | SIXWHEEL |
| HISTORY | EXPLORE | DENSELY |
| NAVIGATION | BOOSTERS | AKATSUKI |
| LAYERS | HIGHLANDS | SITE |
| CORONA | URANUS | PIONEERING |
| PLUTO | ACCELERATION | CONTAMINATIONS |
| DISTANT | SULFURIC | SPIN |
| PERTURBATION | BETELGEUSE | TRIPLE |

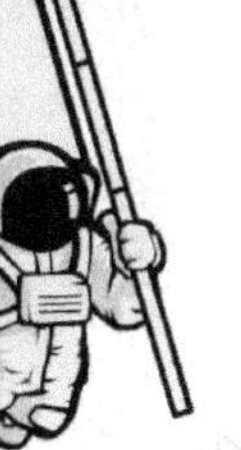

# Puzzle # 3

```
E R D X Y P X Y T C O S M O L O G I S T S O B
T G H W N L R E X P S L Z L A U C E J H C M J
C Y I S O R D Y N I R Z E S V C V O R Z K Q K
O V T K T D F J O O Y S N O I T A M R O F N H
W H E Y S U Y P F I N S O X V T H G I Y N N J
X M F R A W D P E R S E V E R A N C E B V H F
X S H U T T E R P L L T A J U A V R E N I M J
D S Y I L L I F E Y X I T I S S K F I S Z X Z
C W A N O M A L I E S U Q R E F L E C T I V E
W L B L C E K J G J Q M O U A P E A T P J E U
A Z V K B H T U Z R T B E D I C O I V K F U S
P I I Y Z H R Y E E P R G T L D E I R K M T N
J V D Y D B M O L K H A Q I H P W E S T F O X
N G D I O N E E N J G H P E R A G A A S I G U
T B Q V U O C C O Y F S K O Z A N H T S A G R
Q C Y B I A U O S H E B B A V L C E U E H C M
I O I F S C K R P S N E Q N U X N F Z C R O R
B I S T N E N I T N O C U L T R A V I O L E T
```

| | | |
|---|---|---|
| ECLIPSE | FUSION | LIFE |
| TELECAST | SHUTTER | FORMATIONS |
| COSMOLOGISTS | CONTINENTS | LIQUIDWATER |
| STONY | SYNCHRONY | ANOMALIES |
| ULTRAVIOLET | DWARF | XENON |
| PERSEVERANCE | MINERVA | PROBE |
| SURVIVAL | METHANE | DIONE |
| REFLECTIVE | UMBRA | CASSIOPEIAE |

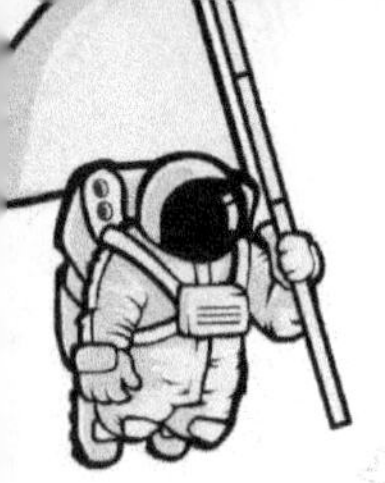

# Puzzle # 4

```
Y Y Z F I J T T T Q M X Y R L Y B M O G L I J
U E A C O O R D I N A T E S X E J U N A T C X
L G D J Q I A T B X W B G Y W N D L P W G I C
B N B L A K E D Z K Q U A N P V D T V E L T T
Z O G S A T B R E V H L U P I I A I V F O C A
M I K X A K B D S H K G Z R X R A P P C U A E
M T A N W H B Q D P C E Y D C O E L Y A Y L R
I A L M A E F C S O A N F G U N T E J W W A G
T T I W M A B P T N H C U B E M N D N X I G L
U I Y M B O I E B N R S E A U E N F N O O G T
C B X F U R N J Q G B W H T L N L L A K I W Q
C A E F A U M I V G I R U F I T Q Y D G N P F
Y H B L I B P Y A O L L O P A M C B Z U N W H
Q S N E L T T E D I X O B D V C E Y S J H U U
U L A C O L X W P N R O I R E T N I A E A C M
V C O M P L E X S N O I T A L U M I S I B M A
Z C U B E B G D A P H C N U A L Z Y Z Q P Y N
T O P E R A T I O N S B V B N E Y E H K F A K
```

| | | |
|---|---|---|
| SPIRAL | LAUNCHED | HUMAN |
| ENVIRONMENT | PIONEERING | SIMULATIONS |
| OPERATIONS | OXIDE | COMPLEX |
| GREAT | LOCAL | COORDINATES |
| GALACTIC | APOLLO | LAUNCHPAD |
| FLYBY | LENS | HABITATION |
| LAKE | AMMONIA | INTERIOR |
| MULTIPLE | BULGE | SPACE-TIME |

C U U K B H S G B F N S N O I T A V R E S B O
D B A B N H A U V I Y O N O I T A T I B A H F
Z N P H D F B H D N D H T S R P A D I O N E U
Y M A F N X I W R D R A U W A A X X J L R L Z
A U V M R O J T E I P Y J J E L A T I O O O I
A X T E M P E L D N Y P C K B N H G C F M X H
F Q A Z D O U G Q G E W E F E E G K S I O Q J
A G O I D V C R C S L B W W G O Y E I H O M S
X K A B E O D E V A U F T R Y E W T X E N F E
G L B B V U B A P R O X I M A S W C E L L U P
O D T D E T W T G M W R G W R T G N O I I Z A
M J E P L E X R L E E H W X I S S Y O C G I C
Z R J Z O R C E D H K F N Y X I G D X A H Q S
I N L I P E M D A F E A T U R E S N E L T Z D
Y M B O E A I S H T S I G O L O I B F R F G N
F D L X D R D P I O G B J T J E H C V A E C A
L Q J J W Z E N O I T A T S E R O F E D D Z H L
D Q F W W S G T S S I R I U S R C B T E K J T

| NEWTON | HELICAL | COMMAND |
|---|---|---|
| LANDSCAPES | OBSERVATIONS | FEATURES |
| HABITATION | DEFORESTATION | GREATREDSPOT |
| ROCKY | SIRIUS | MOONLIGHT |
| FEW | JET | SIXWHEEL |
| FINDINGS | OUTER | BIOLOGIST |
| ARES | THEREDSTAR | DIONE |
| TEMPEL | PROXIMA | DEVELOPED |

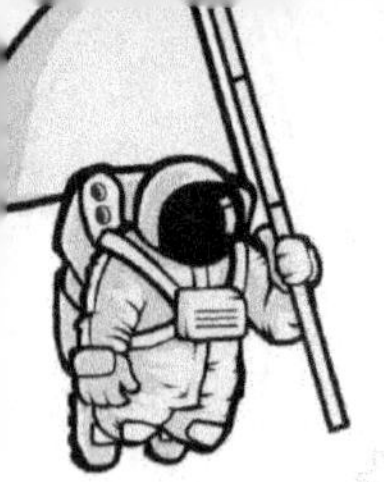

# Puzzle # 6

C T X K R U Q U E C R O F F Y T H E U P W J E
I X Z F S J K E D B R C F I Q P S I X L L H J
J J G K A L A N O I T A T I V A R G G C O B Y
C S F N S R P W N J S K R E I M E R P J M G O
S E H H I G A L F T S E I L B M E S S A N D Y
S R Z A Q T C W E R L L X S K X W Z O P O E H
C E I L D Q I A A C C P W T N T U S C J R V Y
N H Z O F O R B T Y Q K S R A L Q Y A W E E P
M P J S U S W U R S X Y C T O N C S H E B L P
M S R A D I A N T O P J I V P M T T W I O O P
C O N F Y T I L I T U L T R T C C E I E Y P W
M I I T M Q F C S N A X P D I O P M V G R I U
P L H H A A W Z T R O H O M C M Y S E O I N C
Q E O C U V G U W W Z S Z D A E T T G V L G L
N H S R Y R C U I E B X A S L T Q R M A R A T
Q K I A J T O L X T I A W E D F A Y F V Y F G
R A V E F P T I C G K Y H D S M Z D L C B U E
N U I S M H H Y R U K E L E C T R O N I C S Q

| | | |
|---|---|---|
| COMET | ORBITING | FORCE |
| HELIOSPHERE | PREMIER | FLAG |
| GRAVITATIONAL | SEARCH | OBERON |
| HALOS | SEXTANT | UTILITY |
| OPTICAL | OPTICS | RADIANT |
| PROGRAM | ELECTRONICS | SYSTEMS |
| FARAWAY | SEASON | SHADOW |
| DEVELOPING | ASSEMBLIES | TEARS |

# Puzzle # 7

```
B M U B P O C A U Z F J R C J Y J T T D C M D
C U D B S X R P J Y I V H R I T V T W V I I S
I X N W Z H V O Y E C R E Z I I S C N N N R U
T O H H V Y K G B E O X X A F V E T L V E D Y
U O B V P M Y E L N P F P P A D N E R I D R R
A O U S G K U E O A A E C A P R N S A L O Y R
N Y D W A R F M N L T G T E P G T F R R L V A
O V R K C H E D J U P P R C O I E Z D S T A L
R E I P H T I N S K F F Y U G C Q Y C L E A R
E H R N E N N F M Z O Y I A A Y H R R B T S S
A E L R G N I R U R S M T P C T I J P E H J C
D T V J K S A F M O Y I S C L I Z S B E Y C I
X B A A T W R A M O O N S A X L O B W P S W P
H Z Y Q I S N Y C N R E Y J L I D O F I N H O
M D U J O C Q P S R V E K C O T N Y A N O L R
P R M O E L A G Y P R J D A P U X M T G R L T
Y L O B I R T H P S E U T R H F O R I D T F G
E L D S T U R A T G F F E A N C A S Y K H M R
```

| | | |
|---|---|---|
| GRAVITY | DWARF | HYDRO |
| MOONS | RED | SPACEFARERS |
| CHRONOMETER | IAPETUS | APOGEE |
| EXPANDING | UTILITY | LARRY |
| STELLAR | COMA | BEEPING |
| PERFORMANCE | INVESTIGATIONS | TROPICS |
| TETHYS | LAYERS | BIRTH |
| AERONAUTIC | EVA | NORTH |

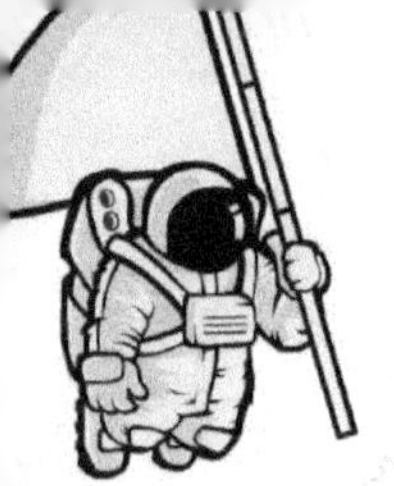
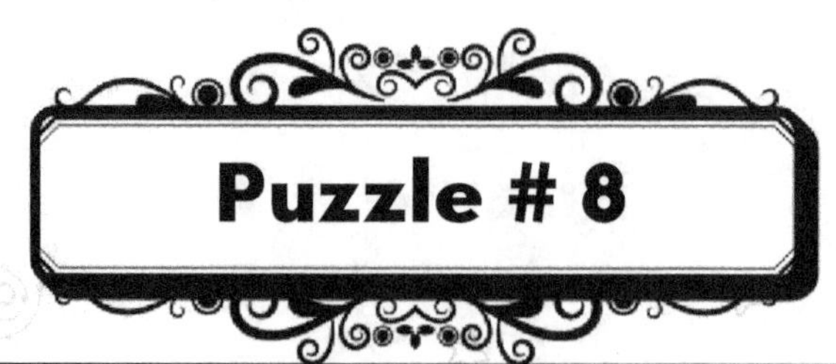

| | | |
|---|---|---|
| LIGHT | MAGNETAR | GASES |
| SPEEDS | STEP | DOCKING |
| ACID | SYSTEM | TOPOGRAPHY |
| WEATHER | VALLEYS | EXPOSES |
| FILAMENT | ZOMBIE | PAYLOAD |
| TRIUMPHS | BOOTS | TECHNIQUES |
| VAST | DRAGON | WRINKLE |
| GASSES | BULGE | PATTERN |

# Puzzle # 9

```
L G F S O L A H S T R D F O R M A T I O N S K
S C N T Z S G U E C E I J S Y A W H T A P P S
G O A D F P N C Y X F X P X D D E W H J A Q Y
N N A E R A A E P D C K U M N A E U N K S V O
I T S W R C R E T E C I D O I R E P O Z T I L
R A G U J P R C L E V E L U S P A C I O R A G
A M W F P I Q P E G R C E R O N X A T S O E T
P I J J M O I T J C T M J L H P N R U P B P O
E N X E A T I L J P A C I E A Y G Y L K I E X
R A N S L X F D A E Z P Y N P N H N O Z O R B
P T C U E H A W O Q C Y S R A N D G V J L I D
S I M E I Y G N A B G I B O G T M E E L O G D
V O R N G I N V E S T I G A T I O N R G G E K
N N S E N I N R U T A S Z A H K I R J G I E K
V S H J Q L V M G S N O I T C E L L O C S E Y
T X A Q A E B A A O X H N L T Q I F O F T R F
W B T X Y N D H W V P R O A M P M J K W S Y G
J U L Y W S B Q B K H G O S Y B S D C S W U E
```

| | | |
|---|---|---|
| BIGBANG | REVOLUTION | SPACECRAFT |
| LENS | COLLECTIONS | FORMATIONS |
| EXPERIMENTS | ATLAS | LANDER |
| PERIGEE | TERMINATOR | PREPARING |
| PERIODIC | CAPSULE | URANUS |
| SATURNINE | INVESTIGATION | ASTROBIOLOGIST |
| CONTAMINATIONS | JAXA | CAPS |
| MULTIPLE | HALOS | PATHWAYS |

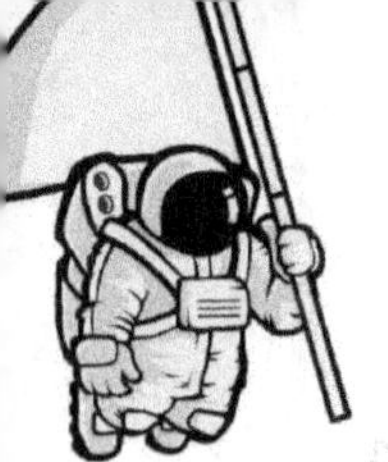

| | | |
|---|---|---|
| PLANETS | GAMMA | MANSION |
| ENTITY | MARE | GEOLOGY |
| TEMPERATURES | SCOPE | CHONDRITES |
| EVAPORATIVE | DEATH | ADVANCING |
| CELESTIAL | THING | ASTEROID |
| SPUTNIK | MOON | JUNO |
| PROBING | ATMOSPHERIC | MINERALS |
| DANCE | AERONAUTIC | FRAME |

# Puzzle # 11

G D F X U B Y S D S V L A C I M O N O R T S A
S R E D N O W P E L T V Q N P L L P M W E I U
E B C R G T A A C A K Y K L E P X Y A P B S V
N J H C P G W C O T P T M E E I J B D C N H L
A E B S T E A E S I Z D T D Q O L Z S G I W X
A T E M P E L F Y B B N T U P Y N N C T O T H
M I S T N O K A S R Z H K T D D W I W W H N Y
U O F E X U I R T O Y G E I I F I N D I N G S
X P I I S N S E E K Y I Y T Y I E M S S S F T
U J D O P A D R M Z A E G L F V S R E T A R C
K E I U U H G T C D L E C A L E D U T I T A L
W E T A M I L C R E S O L U T I O N M U E Y O
S V U C J M O P S A P F Y P D H E C Y Q D N W
J P G A Q I M B U Y I A L M K K T A V F F P N
X N P R E P A R I N G N P C I M A R O N A P Z
E S K V O U A V M F V I I V G C Q V G X D R W
U J Y U Y N O I S S I M S N A R T H G V R S L
A V O N R E P U S R E U R Y G K F K Q Y F X R

| | | |
|---|---|---|
| SUPERNOVA | OPACITY | SPACEFARER |
| TRANSMISSION | RESOLUTION | PANORAMIC |
| SUN | ECOSYSTEM | LATITUDE |
| RHEA | TEMPEL | TRAINING |
| GASES | ALTITUDE | NEIL |
| ASTRONOMICAL | FINDINGS | ORBITALS |
| CRATERS | CLIMATE | OXIDE |
| LEONIDS | PREPARING | WONDERS |

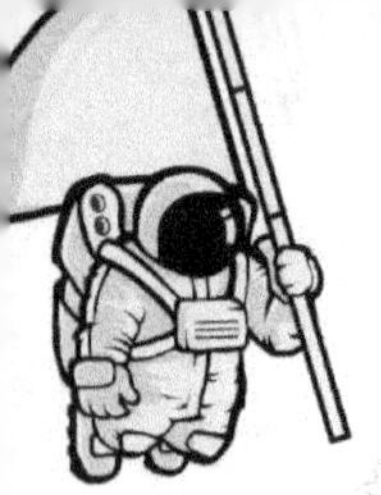

# Puzzle # 12

| DIFFRACTION | ASTRONAUT | MISSION |
| --- | --- | --- |
| ATMOSPHERES | EXPLORE | ACID |
| CALORIS | CARBONDIOXIDE | ROCHELIMIT |
| NIX | BENNU | PULL |
| EXPLORING | SPEEDS | CABIN |
| PIONEERING | MERCURY | RESOLUTIONS |
| SULFURIC | EARTHQUAKE | WINDS |
| STYX | DEFENSE | SECTORS |

# Puzzle # 13

```
Z Q A S R A S R A U Q L A R E N I M X D E Q N
C T G O R R Y I A B E X E S L V H R V B N H E
K R D M P Z H T Z O W H V U O H U W Z K O N E
J M R S I Q C W C K S V S Y Q H V Y S P T E Z
F W Z O D E H N O I T C A R F F I D P J S E S
K M U C J I D W X P I G O G R R V M E C E R A
H N O E M G X O L X I E H P O A A H E W L G A
U H W W N Y N X D N I B D G E U A M C D I E V
S Q T X L R M X G I L Y O I P S I Z H S M U U
Y R A D N E G E L R A F G E T T O A L O D L P
N I C Q P H P A T T E R N R J W V A E L E B H
Q D A C L T I U C Z N C O C O A N Z S P N A B
J O P T A A H R X R C N N B Y G B S S I H X J
A U C O N E E T X K O O B E I A I R O S K G Q
R O O B E W Z P O M L L M S I Y C Q O N M I P
L U M B T X P N E H E L F B R C D S T O N Y A
S S E X P L O R A T I O N A I B S W Q B H N Q
J R I Y B S Y F J Y R T S N O Z I R O H F U R
```

| | | |
|---|---|---|
| COSMOS | HORIZONS | SIGNALS |
| LEGENDARY | SPEECHLESS | CREW |
| ASTRONOMER | SCOPE | BLUE-GREEN |
| MINERAL | WOBBLE | PATTERN |
| DIFFRACTION | SCIENCE | MILESTONE |
| EXPLORATION | CAPCOM | VOYAGING |
| PLANET | WEATHER | STONY |
| EJECTA | QUARSARS | COMBI |

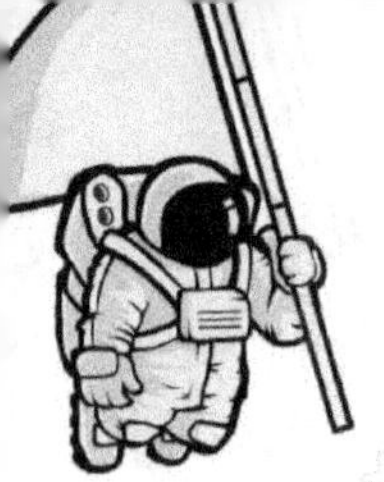

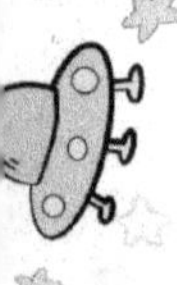

```
M R C K R A D I A T I O N C S A W H M O S G C
R E D S H I F T O R X L B T B T N U K J O T R
L O M A H F I Z M O F K S J Y M O Y X K T R U
B S R A S L U P N F U I F Q V O G O Q K R A N
M M P R K J H A Y A G R D U V S A R P V O N Z
H F T U W D C I Y O M E H A E P R B R A P Q I
Y T I C O L E V L E E T Y D L H D I Q Y E U T
C M V S O T H O B P K V P R C E L T Y R C I E
H B U V Y C M X S I P M E A A R U G E F A L L
O A L A K S B K N D E O R T A E X H N I P I E
E P L L O T Y T A B W A I U E S P C W C S T M
S E I C N E U Q E R F G O R G S N O R I E Y E
Z P E W H P H S G H H N E O Q U Z H J H E T
H P X I S E D A Y P R E S S U R E P H T F J R
O V I E I U L W Z A P K E T R B U X W D E C Y
G B P Q X X P I M J R M Y A Z L C I T O B O R
I K R Y S X Z D U I Z R C H L T W L Q O Z L A
V E M D U X X K P M W L A Y Z Q B I Z D E Z E
```

| | | |
|---|---|---|
| ORBIT | REDSHIFT | PULSARS |
| MESOSPHERE | TELEMETRY | SPUTNIK |
| TRANQUILITY | PRESSURE | DRAGON |
| VOLCANO | PULL | ROBOTIC |
| RADIATION | HELIUM | VELOCITY |
| QUADRATURE | SPACEPORT | FREQUENCIES |
| ATMOSPHERES | COSMOLOGISTS | IRON |
| HYPERION | ARRAYS | DEEPSKY |

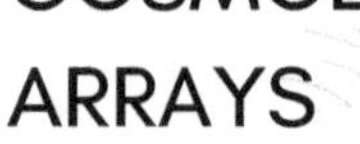

# Puzzle # 15

```
B T H Z H X B R M Y L Y A N D R O M E D A J L
M A D D Y O E O S V A Z Y O A O M O E H D U U
R E T I B R O C M D C Q K G U I M V U K N F E
M A W Y Q X B H S L I Z M Y O J L L Z A J A D
Q N H S U Z T E I G G J I N O L A E R F J S E
T J R V D Q T L N X O O M S I R O R B W T E T
K L M E G E D I A M L J M G P T O E O B I J I
G N L U S D F M H Q O B H O W C N A G P U S M
G N B T R C K I C P I D C D K O A E C P G H I
A E I O O W B T E P B E E S Z H L N C N R C L
C N C R H X P E M R O K L Y G I V A E S F Z N
G F H E E J X U B P R K B K B D Z I C Z E A U
O H E T D E O S M B C A B S K R A D A O G D Y
W L L F R A N R J J I I U S T R I N G S L B K
S X P A K T M O B S M N H B Z X H E Q W Y O R
Q M L S E D U T I T L A A M N O R T H E R N F
H O D Y X Q K J K P T Q Z R S D I N O E L X Q
S Q M E T E O R I T E R J J Y C Q T Z A J R R
```

| | | |
|---|---|---|
| BINARY | UNLIMITED | SOLAR |
| ORBITER | HUBBLE | TESTING |
| PIONEERING | WHEELS | MECHANISMS |
| ROCHELIMIT | LEONIDS | STRINGS |
| ANDROMEDA | DARK | ALTITUDES |
| LUNARROCKS | GEOLOGY | DESCENT |
| HUBBELIAN | NORTHERN | MICROBIOLOGICAL |
| METEORITE | LOCAL | SKY |

STARBURST QUASARS PERIODIC
ROCKETS SPEECHLESS SATURN
PLASMATIC STRUCTURE DEVICES
PROGRAMS SHOWER FOLKLORE
NEWTON STARLIGHT REFLECT
BOOSTER LAUNCHPAD MODULES
AGE FARAWAY SEARCHING
INSIGHT SITE SUPERPOSITION

# Puzzle # 17

```
F N G T Y K U L M E F I I P U N M A S S E S Z
P E N T T G K K I Y J G T F M G S P G N S T T
I B O I H J X S S Y L H U S O L A H L E O U Z
O U R O N L M O S C Q P R R Q G U M Z A S I N
N L T Y O T O Z I O P H E N E G H C A U V D P
E A S S M E G E O R B M R E U N O E N P E C C
E S M M N X X R N G L N A R T I R B E W F K R
R Z R G Y O I L S A B W F U T Y I N C Q H A Y
I H A S V A I W B U O B E T J O Z K N M T T S
N E A G F J O T I J O P C A Y L O W A S I U F
G Y R A N I R T A K D L A R S P N L D L E T K
S T A R L I G H T R P L P D F E S E I L P F W
G Q Z M V V Z N C X E B S A G D R U C S H K D
C R I V Q P T I V P Q P S U A E Q U W T V R Z
S L A I R E T A M M I T O Q H N N S K C T D W
S I F S R O T O R K A M T T A G N I G A Y O V
L Z L I N G J G Q R X R Q R G E Z Q I C K G F
Z S S A X F Y X S G N Y T J W E B K K H K P G
```

| | | |
|---|---|---|
| BALMER | HORIZONS | MASSES |
| IONS | SPACEFARER | TRANQUILITY |
| ROTORS | STARS | SUN |
| NUCLEUS | THEREDSTAR | HALOS |
| STARLIGHT | TRINARY | QUADRATURE |
| MISSIONS | ARMSTRONG | VOYAGING |
| PIONEERING | NEBULAS | MATERIALS |
| OPERATIONS | DANCE | DEPLOYING |

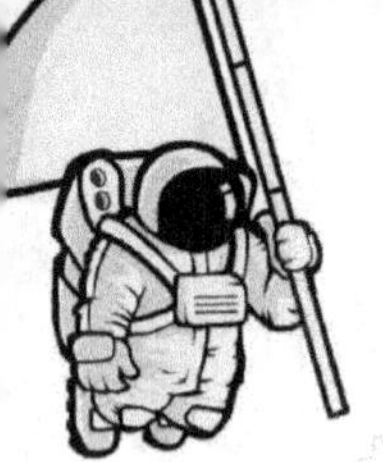

R V T L R E T S O O B N Y X R B A A D A G N L
G S I Q F O R M A T I O N O I B K I I K J S H
K A S X F X V Z Q Z I X Z O N K G A R W F S K
X C T I T U R A R B M U B Q G I J F Y A H C L
A E E D R O L O C Y A V C H S Y R A P O M I D
I T N U G U J L E Z U E B G A B D T N W E S P
L A A B M Y J H I A A D C R W I N U U Q L Y Y
G K L O V M D S L F A B X R W O H G D E L H D
O C P W V L Z E L O R T N O C S M J L A N P W
Y R H Q R P P R N U A G N I S P A L L O C O Q
R N P Y A S J E O F Q E S W Z H F L J G N I P
O D H A V L C C C L T B C O S E E H I T A L F
V S O R R J K N I E A A E V E R A C B T W E F
E S E E X R M I L B R C E C C E T M T I Y H E
R L B V M L A A I L P A Y H T W U A E Q A V F
S J E T B U R Y S G G J L X O A R R V A S Y C
G Y A M I O I J S Q A I G F R R E G S Z G L M
V S J L M A T E R I A L S Z S M S R R X C Y U

| | | |
|---|---|---|
| PLANETS | WARM | HELIOPHYSICS |
| BOOSTER | RINGS | FEATURES |
| CERES | MATERIALS | FORMATION |
| MARIA | UMBRA | SECTORS |
| X-RAY | NEUTRINO | FLARE |
| CONTROL | ROVERS | COLOR |
| HEAT | BIOSPHERE | PHOEBE |
| SILICON | ARRAYS | COLLAPSING |

# Puzzle # 19

```
M Q S A S R W U G Q O D N R B J K T J Z A R X
E K J R O X F T U Z E J V L R P M J O A A P P
S J X T E Q X Y E T R Z A E G N R H R W K A K
O G M V M R C Z I H H T T C W E S O U D I S K
S J S U K R O M T E T E L O P T N U J N U T B
P C R D O M I L B I M E D T O T D G E E Y M J
H Y E E W L E Z P O Y T E Q N N G U F R C W Q
E C A G N U W T N X N R C Y I E T O F P O T C
R L L U A J Q O E U E E Q E E R O L P X E A S
E O I H K V R S O O J T H S O T P P D F O W I
T N T K M H N C E Y R U R N R F X T X E O I P
W E Y P C O C F M A S O I M Z V V D H N E U I
J S R S B A I A I R O T I F S L E U F S L W C
R N J R L C M R S B M U F D T K W Z B L C W B
X N O O A I G A S L S T E L O I V A R T L U N
I V R E S I P W I M O V D E B A L L I S T I C
T I L J V D N A O W C M E A S U R E M E N T S
S I U J B U U Y N L J R Y L P W S D N V F A A
```

| | | |
|---|---|---|
| COSMOS | NEUTRON | MESOSPHERE |
| FUELS | EXPLORERS | AGE |
| OUTER | MEASUREMENTS | METEOROID |
| BALLISTIC | CYCLONES | EMISSION |
| ULTRAVIOLET | UNLIMITED | COUNTDOWN |
| PROJECTS | TERRAIN | FARAWAY |
| EXPLORE | REALITY | CHRONOMETER |
| CALORIS | DISK | PULL |

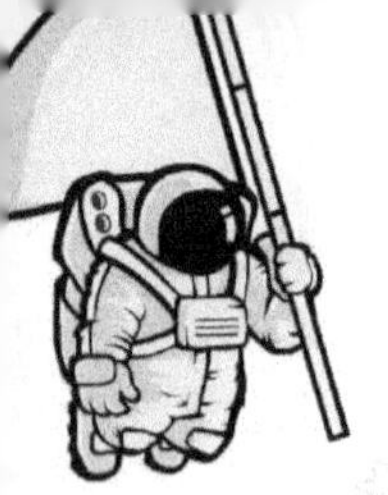

Puzzle # 20

G H E S R E V I T L U M I F S X G S G Q T B Y
A E N O I T A R B I L U Z F R S W V M N U D W
U Y N K A Y F P E V E C Q B L D I I W N T D A
N E E K R V W N J L C O M P A R I S O N O Q N
I H B D U A T O E B W Z W R A A P I S E D I T
O F U V J N D M I V T W V G N I P O L E V E D
N F L D I M E P S H F E C W R R Y N Q O Y V H
L W A B M N X R E B C A C P E V M S K A S U E
O S E B T E A R L G Z I Q H W Z R A S A U Q C
R Z J S B G O Z R W N V L T N K Y O B G M Z A
T O J Q M Y R S E L O P Y E X I M Y K A X S P
N V A E R X B S Y V M Q N Z Y O C O Y J P U S
O N Y F Z O U A U A E H G M I K X I B F U Y R
C D V O A I O S R O S N E S X W S A A N L O E
I A K R Y C N E Z U D Y E A E G W L Y N S O T
U F T I A P I O A U T Z Y R V W Q Y S S A F U
R U W O O F L C I X G Y Z O A S C Z D R R G O
F N T R M A N I P U L A T I N G J X F D S B Z

# Puzzle # 21

```
G M U L T I P L E I B T N E C S A N L A U F N
S D S F Q N W Y R L C C D U E H V V V W N T Z O
E R N S Y C M R Z A J N O C J D R X I I W O I
T O M Z H X B W S C O I C P B P H V C A N V T
U N G D M J I K X I I H K A F O E H L N U D A
P R Z E G C T G T T P V I W O R W X Z F D W M
N E F O K E S A I R H C N A S M U L T I F O R
L H Q Y M G R O F E Y C G A I U H U U C K A O
V T L O A E K O N V P L L L S F L N Z A Y N F
S R C E L K U U P I U Q J P Y M O D R L I I N
C O U E C E S X G S R L M I N E R V A A P D I
I N C A Y Y B U K C I T V C J A H V R T G F C
N C K L C T T A H A N G U L A R T R G R W R L
A V H A X R I E O I E M T E S H E V N I J G H
H O B H M H Y V J F N V V G N T I O V N H R E
C C Y H A U F S A R U C I M N U P Y T A U Z E
E S T A T I B A H R F P E E W T F B K R A P Q
M T N I R P T O O F G M A C S P C F M Y J J P
```

| | | |
|---|---|---|
| GRAVITY | ANGULAR | TRINARY |
| UNIVERSAL | FOOTPRINT | TERRAIN |
| NORTHERN | MINERVA | INFORMATION |
| SETUP | MULTIPLE | VERTICAL |
| COMET | JET | NEUTRINOS |
| UFO | DOCKING | WIND |
| ACCELERATION | MECHANICS | HABITATS |
| NASCENT | MULTI | ZWICKY |

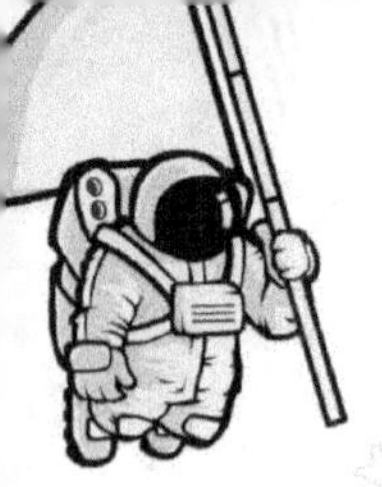

Puzzle # 22

K Y M A A G I P U V S C L P Y U K G P D H Y R
M N W O D H S A L P S R S Z M R W I Q O N R U
W Z U G E A R T S A K T E D I T E U B K V O V
J P N D U U A R Y X G A C Y Y X G M N I K T I
S A I Y I G S I H O Q E V N A A M K I F Y C N
L S G R L X A P X E B N Z R P L P O U B R E V
E W A Y L G U V K B M P M C E G N A B A O J E
P X M Q U J Q H R L N X X R G N I W Q E T A S
O I R M M Y E Q R O C H E L I M I T S T S R T
R U O P I H N T C G S O Y D U B K M N W R T I
P H F L N G I L S D O C R X J S U O E S A G G
P R B Q A R B E P N L Z E C L I P S E S L T A
I F I I T T J I P F A Y H P A R G O E G O Y T
Z T X E I Y O R I T H Y T N E W T X X F S Q I
M Q C X O F V B E K A U Q H T R A E R W R A O
Q X W N N G I M C R E R Z C N T Y D R D U M N
L S T W U E A U K X M D G I C R W O P B O C G
Q C H D C X N U R X O M K T S G D H T C S D J

```
Q S N Y I B A R Y C E N T E R W L Q E J C P X
W E I D L P U W J S Z Y Q Y W P K K T H V Y R
J M C E G M T F T A N O I T A R O P A V E J A
B A S U E K U S W V X S R I Y F J L J R X B T
T R M T A X U X N D F U Q L W S T J A V Z Q E
H F T E G I B T O M A P W I J O U R N E Y S N
K E A R R S N R E T T A P T R W U W I O E A G
R C O I J D V R G P B F B U K A I Y K T L K A
O A S U U C Y Q Z Z X N W I G H A Q K F I A M
W P N M C T C V F Z H P L N M N B R Z M R U H
M S O S Y E N R U O J O R I L A I H E T Y I M
A P I X U V F E B Q W G N A W J Z Y C S M Y E
E C S Y C B U G Q W D I S K Q M I E O P B V A
T S N B P R O X I M A P E Z G P P B Y L Q T G
Z B A D D A S W N W E Z F V Q S D Z P R P S B
U L P M I V N O I T A V O N N I U T U M R E O
B A X M A E A Q V N J Q S T R A I L S N Z V D
S V E U N V H A J V O L C A N O E S F P Z V M
```

| | | |
|---|---|---|
| EXPANSION | HALO | JOURNEYS |
| KILO | TEAMWORK | VOLCANOES |
| INNOVATION | DISK | PATTERNS |
| PROXIMA | UTILITY | EVAPORATION |
| TRITIUM | MAGNETAR | DEUTERIUM |
| BRAVE | JOURNEY | SPACEFRAMES |
| ARES | BARYCENTER | SIRIUS |
| SPECTRA | DEPLOYING | TRAILS |

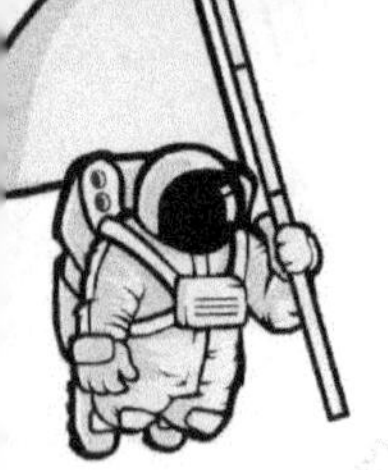

```
B R A V E E V B J V L O R T N O C E L E T S K
D S V S V L A K L X M X G L T T G A X R R H G
E E Y A G I N V E S T I G A T I O N M B A E X
E N S E G S T T V H U Q J Y O R G Q I R S P G
P G N U L Z A L I Z P Q O D M U J P X T A H U
O I F S E L S R C E C P C V L O O P S F U E O
P T G J P G A U A C I R E H P S O M T A Q R Z
U A C S M E L V H C D G D T I V A J Q X L D I
L D C Y U O D E I W V N S E D U T I N G A M F
A R D H K O C U T X D O F M I N E R T I A P O
T O A Y I R N I D E Y N Q O O V B U T C M O Q
I L I L X E F I R F B E W C Q G G Q Y D R A M F
O Y E Q L L V U M S G X D C L O U D C O V E R
N M F F H E Z E I U H A E R O D Y N A M I C S
S P B B D R T V M L L M A X N J S H L S E U Z
N U J V Q D R S S E W K F S A J F O J E O V M
V S P A F R O B O T N H S A T E L L I T E S C
B B K U L A K I M Z M T L Y M Y Z A H H X E E
```

| | | |
|---|---|---|
| QUASAR | LUMINOUS | INVESTIGATION |
| VALLEYS | STELLAR | XENON |
| CLOUDCOVER | OLYMPUS | COMET |
| INERTIA | POPULATIONS | SHEPHERD |
| LOOPS | ACHIEVEMENT | ATMOSPHERIC |
| BETELGEUSE | DEEP | BRAVE |
| SATNAV | ROBOT | SATELLITES |
| TELECONTROL | AERODYNAMICS | MAGNITUDES |

# Puzzle # 25

```
Z C A R L I F J B G R M G P G N X I Y Q S X G
H I K Z E R J R E T N E C Y R A B U Y Q B O R
X R P A N O R A M I C D L O Q A B J R Y W K P
D E K X H W B I G E Z S E P N T S G M E O R S
A H H I A K R X J B G P I G W T H B Z J O W L
G P H I S O H J N T Q E M K R W I P C P D S A
J S C K M N X V R R O C Y K S E T N E Z N Y I
U O R U A U Z J X Y Q T S J V Z E L E X O X R
E M A S R X E L F E R R T M O S L S U N I P E
O T E T G B V F I X U O E Z L A J I L V T M T
O A S A O V H L T Y Q M R B N Y R L T C E S A
U P E K R X J Q A Q E E I T D V U D R A R R M
D S R A P L W F J L O T E H N J L C A N C P O
T T P O B O Q K J L L E S O V O I D D Y C E X
Z V E F X Z S K E E Y R A D N U O B U O A S Y
H C M O N I T O R L R S M C E H O X I N N K G
W L N U F N M G S R E S A L T H A I N A K Q E
J C N R I M P A C T O R R O C K S B O Y L A N
```

| | | |
|---|---|---|
| VOID | LASERS | SPECTROMETERS |
| PANORAMIC | MATERIALS | ROCKS |
| ATMOSPHERIC | AKATSUKI | OXYGEN |
| IMPACTOR | PROXIMA | PROPELLANT |
| REFLEX | RESEARCH | BOUNDARY |
| MONITOR | PROGRAMS | ULTRADUINO |
| DEGREES | CONTINENTS | CANYON |
| BARYCENTER | MYSTERIES | ACCRETION |

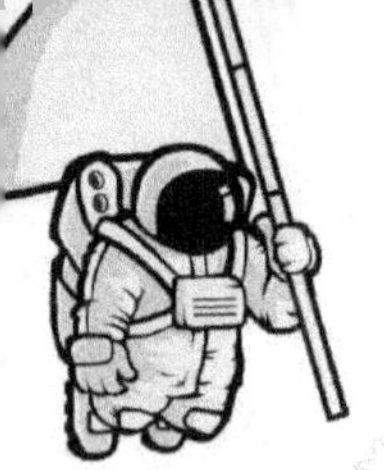

| | | |
|---|---|---|
| ASTRONOMY | FILAMENT | DEUTERIUM |
| QUADRATURE | FUELS | SPEED |
| PLANET | FOCUS | IMPACT |
| LANDERS | TRANSITS | SEASONS |
| REDSHIFT | HALO | MASS |
| PAYLOADS | REENTRY | ROCKET |
| ENCOUNTER | RADAR | OCEAN |
| INNOVATION | MAGELLAN | SINGULARITIES |

# Puzzle # 27

```
S P A C E F R A M E S P X B R L A K E P Y N V
C P A E P L W N E W J A W G Q Q P S E X A C O
A D N L R H U E O Z H R S J M R E T T V E Q V
Q C Y C A T U O T S Z S W C O L S P I E Q O Q
X V J Y L S I B U N L E O C P L H G S V L M P
P E E C O I E N S D E C E I L F A L T A Z N R
Z J U L S R L J N K S D C A P T X L E R R V O
I N E R T I A N C K U N M D I C I S L B K C G
U N H F G U K O U R I S E O Y K C A L K D Q R
J W A H O S Q D E R X D N P V O E R A E N J A
R P T S A D B S P X T L B O A V S O R G T E M
N H A C A R B O N D I O X I D E E R O C L Q M
C W A S R U N Y M Y F R S A W E D U O G J H I
C T Q K Y Z P I E X V Q B W N Y B A M W N E N
O Y N U J O E Q P R N V F H E L I U M F H U G
F E T N A T S I D W X Q I B J A R D J G B C J
V C N U C Q M U L T I V E R S E O L L R P G I
V V Q F D V L A B O R A T O R Y I Z P O F X E
```

| | | |
|---|---|---|
| STELLAR | PARSEC | SOLAR |
| BRAVE | PROGRAMMING | ICE |
| NAVIGATION | DISTANT | SUNLIGHT |
| LAKE | CYCLE | MULTIVERSE |
| HELIUM | LABORATORY | INERTIA |
| SMALLSTEP | PROCEDURES | PRINCIPLES |
| SPACEFRAMES | CORE | CARBONDIOXIDE |
| AURORAS | SIRIUS | URSA |

# Puzzle # 28

```
T R N K U J N P E Z C N S N S P P L M Y T V B
F E V N D D G U J G O S Y A W H T A P O I W Y
W W M X A Q I B Q B E W S Y S K G S O D Q M C
C D A O W X Q F R H U U T O M U U C A V E J Q
L T G S S L F A E C N A M R O F R E P E V V E
I Q N R E W C O J D E R O L K L O F M O I L A
M S E Z B V C Y R V T V I B C A C U U W T J R
A D T E O C T R O E S O L A R Z L C H Z A V T
T Y I G F L R S J F S P E R I O D I C N R H H
E S C Y Q I O Q O W X T K R V I V O X H O M B
L F F Z Z T P I B L C E S T U Y A V P C P I O
E T I U R H E O M D L C M Y T I L I T U A N U
V A E F E I C T R D H I G T M L Y Q T Z V T N
A J L W T U A L E W Q T F F V S O B I H E J D
R P D A T M P Z L K E S O B T L E T A L P Z C
T I H U A Z S I I M C L R E S R E V I T L U M
E W D O M J Y D C Q M O C F R V M E K W Y E M
M N L R G I K T D O V S E G N F L W M E V G C
```

| | | |
|---|---|---|
| SOLSTICE | VOLUME | PERIODIC |
| SOLAR | PERFORMANCE | TRAVEL |
| MAGNETICFIELD | CLIMATE | NEW |
| MATTER | RELIC | PATHWAYS |
| LITHIUM | CARBON | VACUUM |
| SPACEPORT | EARTHBOUND | G-FORCE |
| FORESTS | PLATE | EVAPORATIVE |
| MULTIVERSE | UTILITY | FOLKLORE |

# Puzzle # 29

```
V S T R N L I Q U I D W A T E R N V B Q N Y X
L W E U V O Z O S E W G Y E A Z O C Q Z J E P
T A S I I Y I S D Y K Q U E U V R E R X E V G
C N P Z S L R T F X D H Y H O H T Y V Q T B W
X B A M P M Y T A S N O S A E S H T W L S J U
Y J L T R O I A I M H T Z W A L K E R R T N M
J D L E X R K C O Q R U N N E B M U D S R Z H
Q H O K F E H J L G P O T G W D F Y P Z E G P
W A C C R S S J O J E K F T R J N L G I A E F
H B Y O Q U R F R J Z K Y S L P E C L P M K X
E I G M A I E Z T T I V P K N E G W S M S J P
E T T X Y R A B N U N L B B B C A O K H H M Z O
L A F L B I L Q O N O Q E M U I R E T U E D B
S B Z L U S I D C F I J M N N N D T P V S C W
D L W T M M T A O I E K O I S N Y Z E N T Z E
P E O T J B Y L K E R T T S I I H N O M L O F
L A S T R O N A U T S J C U S A N C E G E N Q
Y E A W M J X B C S V S M P T G W G A X B Z V
```

| | | |
|---|---|---|
| HYDROGEN | REIONIZE | JETSTREAMS |
| CONTROL | WHEELS | TRANSFORMATION |
| REALITY | SEASONS | BENNU |
| COLLAPSE | SEXTANT | LENSING |
| YEAR | DEUTERIUM | ASTRONAUTS |
| BELTS | HABITABLE | SEISMIC |
| SHUTTLE | LIQUIDWATER | SIRIUS |
| MULTI | WALKER | NORTH |

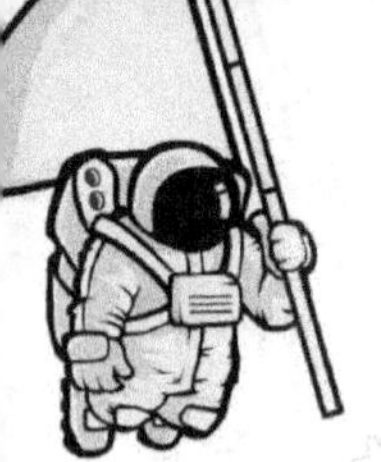

# Puzzle # 30

```
Y T T S E X K W N Q E L U X T G P S V V E R G
L M M Q D Q Q F Z U G U E J N U D Z K G R A P
Z A O T L L N A U T J M D N A E E S I K L M H
D N G H E X E T K Y T I S R E V I D O I B Z S
L L I G H T S I K Z H N E P L E G F L Q X E A
Z P V I W V V G F F L O S A Q F K E M D C D D
I U D L V B N O K U I S C Z B W O Y C N N R N
L H H N S J J G B M N I E L Z V E O E O U B I
A Y T I N I F N I X E T H A L N L I C S Z L A
K C A R T W E I J B A Y E C C D C N X G A V P
S L Y E A K C K I W R A L I O S T G F N H T Y
Y L T V R E A W C E L Q I T M W T M R I I H G
P T A E I O U A X S C U U R R R H E T D F R S
P Y I T A K S H T C L A M E X H G E X N M U Y
K N A L I A I O L O O R Z V D A I C R I V S X
A B Q B I B O N L O U I S B Y G N C C F U T R
J Y F D J T R D G S D D X O G W S J F F G P M
H E M T A G U O F Q K S V X F J H Y Y N U E A
```

| | | |
|---|---|---|
| LIGHT | INFINITY | FIELDS |
| SPEED | FINDINGS | ORBITALS |
| LIGHTS | SCIENCES | NIGHT |
| COLD | AQUARIDS | VERTICAL |
| HELIUM | LUMINOSITY | THRUST |
| VOYAGER | CLOUD | AEROSOLS |
| BIODIVERSITY | LINEAR | EARTH |
| GALILEO | UTILITY | HAWKING |

# Puzzle # 31

```
X E N T I T I E S Z I S D G N I H C R A E S R
C V T I E H L J M L U W V X H Y J R Z N Y F A
N Z X U G V I L A G A S M Y L V R F M W L D O
T X M R D A O G W R N V S P L A S H D O W N I
X L E J N Q S O F V A T M O S P H E R E S W Y
O A J V I K G S T E L H W L L H C A P C O M N
T D F S R E V O R B Y Y T I C O L E V D C O O
V Q H P N R U T O O Z P F S X U B O Y E I E R
C K E Q I B C H G L E N T E E G O Y U T X P H
R D X U I E O X J G Y E H B U U T G A P D I C
Y G P H N R H E T O L U A N J I U L E L W J N
N F L U A O N U A L T A B V V D L R C A O N Y
I B O D E S F Y A Z B S N A K E I Y N O Z I S
A N D P N Y O R P Z E G R P T M N D Y N H L L
B E I R Z H S M G S P G G S E K E O D G P P F
B K N Z N G Q D A A X I N N V R P A N E L S N
R H G D L R P B B J H O T P E G L U B R Q O H
A H O A L T Q A I W C S C R H X F K N Z J J R
```

| | | |
|---|---|---|
| CONSTELLATION | STELLAR | VELOCITY |
| SPLASHDOWN | CAPCOM | SOIL |
| ROVERS | SEARCHING | DWARFS |
| PANELS | SYNCHRONY | BASES |
| GRAVITY | EXPLODING | ENTITIES |
| GLOBE | ATMOSPHERES | WANDERER |
| ANALYZE | EXPERIMENTS | GREAT |
| KERBEROS | BULGE | END |

 **Themed Word Search Puzzles: Issue 10**

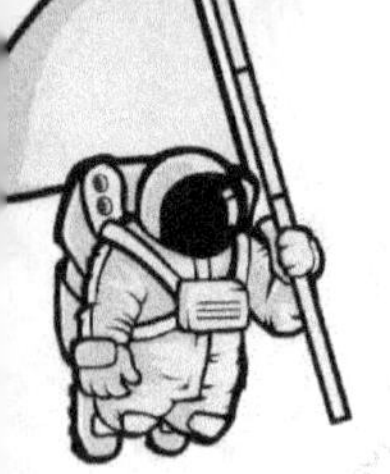

# Puzzle # 32

| | | |
|---|---|---|
| OPTICAL | HELICAL | DISKS |
| SPEED | ELEMENTS | COMMUNICATION |
| LIGHTS | CONTAMINATIONS | TROPICS |
| MOUNTAINS | PERIOD | GRAVITATONAL |
| LITHIUM | MOORING | FLUXES |
| SURFACE | STARS | RED |
| INFORMATION | COSMOLOGISTS | EXOSPHERE |
| NITROGEN | MIRANDA | PLASTICS |

# Puzzle # 33

```
F Z X M F M N V J M K T B P G B Y E I C Z P P
C M W X U R W B E I K A U C A Z S V N U Z T L
T J Y F T O Z R A Z Q K U Z I P S E N L H F K
Q P L Z X E Q S S A G I T T A R I U S G H L U
Q R T N Y S E I T I C O L E V H O X I I B M I
L J K I A D S R C C J H O A A T F N I S I U U
Q U B S O N R W U C G V C L Q D H G E J T B E
G B Q N X N A N E C M U O B M K V I P U D S G
L P Y N P F T U W L U Y S E L O H M R O W C C
E M H N C S S D M M V S S H S N E O L D J S E
Q V L A V E N D A R A E P Z U B S J D M C N T
L A T I T U D E G I L N A S P L P G T L D W K
C R B F A K W A N D L E C Y E H A M C E E G Z
Z Z X B N D X P E Y E R E E R W L K A N I P Y
Q C R E M L A B T E S G W L N V L V T A G J G
T P P L I K Z V A Q S Y A L O S O Y N O G D N
C I T C A L A G R D K K L A V R C T T P O V E
V R Q B I N F I N I T E K V A U S U W I B D W
```

| | | |
|---|---|---|
| WORMHOLES | TWENTY | BALMER |
| HALO | LAVENDAR | NODES |
| GALACTIC | ENDEAVOR | NIGHT |
| LATITUDE | THIRD | COLLAPSE |
| SUPERNOVA | ENERGY | INFINITE |
| MAGNETAR | VACUUM | VELOCITIES |
| SPACEWALK | STARS | VALLEYS |
| VALLES | GIANTS | SAGITTARIUS |

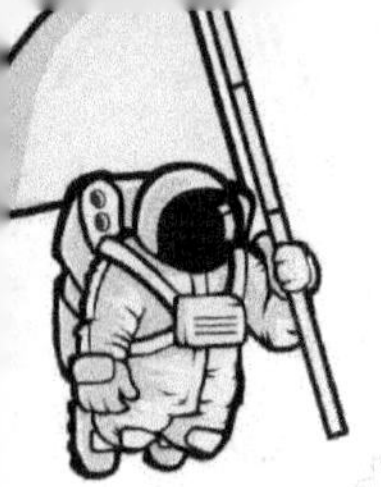

# Puzzle # 34

```
G J J L S C E B Z G E V J V D Z T K M U C R Y
S M A L L S T E P P L U U S J F A U K Q L D L
K W D T Z R R L N W R R D N I W X Q V G I A G
R T H E R E D S T A R O E V C X O J D E F R I
T N A I D A R X P R A S T F Z A E W N E F K K
Y S D I O R E T S A Y E L O R Z F T S V A J E
C O D Y L D O F R M L C C A S A F O F D I T R
Y L M R B W E R C E D L S R E T C H H R P I H
E K S Z A G S J C L S O P A L R A T V N J K I
T K C U C T L T B W X R K I M M E R I A M D V
W P I O C I R K C F H V S N P P C D J O M A R
D S S E R O N J D Y O W X N X C L W I I N C I
V X J L N F U K K N O W L E D G E E R S T F O
F B E I A P C N O O M W E N A F N R S D O Y K
O V C Y I M L W A M H U H J P Z O Z B C L F N
Z S W T L Y E G J R S Q L L Y R R S U X B T Y
D B E E J F A I O A D D W V S U P S D T V N F
Q R R A D M R G W H K O I C P L O F A Y K B D
```

| | | |
|---|---|---|
| ASTEROIDS | DARK | REFRACTION |
| SMALLSTEP | SAMPLES | WIND |
| FOCUS | CLIFF | THEREDSTAR |
| NEW-MOON | SIDEREAL | DEATH |
| JUPITER | RADIANT | ELECTRONICS |
| CREW | KNOWLEDGE | ROCK |
| MIRRORS | RAIN | NUCLEAR |
| HARMONY | PROTOSTAR | OBJECTS |

# Puzzle # 35

```
U S O X V D N W N C O N T A M I N A T I O N S
V W O H F W F S O K P H O T O G R A P H Y C Y
A P M L X M U U I G A O L H S O O F J T J L C
U E I Z A Y K B T O G C F G N I H C R A E S L
K T C D D H B X A V E R E Z O R T Q U P C I P
P A R A B O L A T G I L C W I O D W G H Q H U
A Q O N L C G N O T B D U E S V E S D U L M H
O P B C R I C M R B S I D J S E K D I W U U F
E G I I C R I N U M V U V H I R X D G E R S F
S F O T N U T H A L K E D L M S W V V E M U I
N E L P U F P Y D K R C P U E A S R B A J X R
Q F O O H L I P F K E O J X T M U D L Q J R Z
M J G N Z U L K N J E S X E O J S L W S X E I
J Z I Y O S L R E V N Y R Q I U S E D F Q T K
Y Q C S S Z E V G N O S A P I T I S Q Z Z T C
S H A D O W G N Y L I T X H E C R O L O C U Z
Y X L D H A B E X H P E F P T T Z Z Y R S H B
E X S B Q W A W O T E M P E R A T U R E S S R
```

| | | |
|---|---|---|
| PARABOLA | SMALLSTEP | ROVERS |
| COLOR | TEMPERATURES | PHOTOGRAPHY |
| CONTAMINATIONS | SULFURIC | EMISSIONS |
| LIQUIDWATER | HALOS | ELLIPTIC |
| PIONEER | HUBBLE | SHUTTER |
| ROTATION | SEARCHING | ECOSYSTEM |
| MICROBIOLOGICALOXYGEN | | DUST |
| SHADOW | SYNOPTIC | EDGE |

# Puzzle # 36

```
F O R S H I I Y R U W O N Y K B C Y X A Z E N
P U K S K R J Y I B C H E L I O S P H E R E O
L I W Q P A N L L R A H W W P E C E R E S S I
M R E R O L P X E Y H A N P X R D V R B Z I T
X I O Y Y O A J T T D E O B C U U L S S P R A
M M I Z W S S Y X B M B B A Y T U D N T Z E T
P R U R S F W M S Z E X C R C C J N O C V N L
N P Y L R M R E G L Z K N O M U W C R E P I U
V A L L E Y S Q A T N M I M C R S K T J P R C
C Z Q Z Y P V H O F L A G E N T Q O C B I A C
O V R I C A M I X O R P Z T Q S L T E O U M O
S J A M O L E C U L E C W E S T A R L I G H T
M X I M I V A N K W O L W R R W R U E F L Q D
O I N V E S T I G A T I O N W A V I R I T T Y
N L K N R K R Z P G Y M U C Q D M T G A N D D
A M G V Q Y G H K V P A G I A N T H Y I N F N
U D O O X K N V T X Y T P T C P T P N R D U N
T S R E T E M O R T C E P S R E H N C U E F S
```

| | | |
|---|---|---|
| LIGHT | ELECTRONS | STARLIGHT |
| HELIOSPHERE | COSMONAUT | URANUS |
| SPECTROMETERS | INVESTIGATION | VALLEYS |
| MARINERIS | OCCULTATION | OBJECTS |
| MOLECULE | GIANT | BAROMETER |
| SOLAR | FLAG | STRUCTURE |
| EXPLORE | CERES | CLIMATE |
| HALE-BOPP | PROXIMA | SKY |

# Puzzle # 37

```
L H W J R X C T G Y A B O O S I Z I K P H F X
A E S V H A Y U V X N I W B R L D P G I O W N
I H S Z P V Q N A S W T Y C E U N E J U R F W
R W A S M L O J T O E V L X Z B A R T C E P S
T F U Y A C Z L L C D E L C I R T T S Y O A C
S L A N T X E L H I C H H J L V Z U C T I L E
E O F W L B E N N O G I F V I C H R I I B T K
R Q U X E Y O O E O U C R S B V P B T R G I P
R E B I D L Y R B K D L E P A X S A U A T T B
E K X I O D O E U A W E W Q T G C T A L A U Q
T X D G N L O T L U O S E H S M I I N U O D H
P R I F I A O K A R Y P O I N T E O O G H E C
L E N W T N R Q E O K F N V Z Z N N R N A P A
S P O L V G W Y S R E T S O O B T K T I R U P
L P H M C H L J V A I L R D O D I B S S M T K
X X I J R L M P V O L U M E H A F D A U O E N
T H E R M O S P H E R E H O O N I A X O N S G
L J Z W R N O H W A K J K I Z B C G U E Y U X
```

| NEBULAE | YELLOW | VOLUME |
|---|---|---|
| ALTITUDE | TERRESTRIAL | SCIENTIFIC |
| TECHNOLOGIES | DELTA | BOOSTERS |
| THERMOSPHERE | HARMONY | SINGULARITY |
| AURORA | BINARY | CAPSULE |
| VEHICLES | ASTRONAUTICS | BELTS |
| SETUP | JAXA | STABILIZERS |
| PERTURBATION | SPECTRA | POINT |

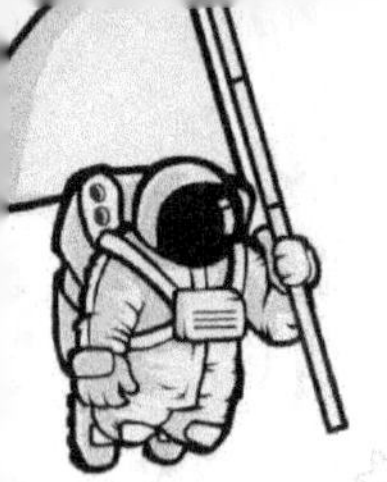

# Puzzle # 38

| | | |
|---|---|---|
| ANTENNA | VEHICLES | SIXWHEEL |
| TRANSMITTING | MAPPING | SURVIVAL |
| LAKE | PHOEBE | FULL-MOON |
| BULGE | COLLAPSE | SUSTENANCE |
| MOORING | AEOLUS | PIONEERING |
| ROTATE | HABITABLE | EARTH |
| SPIRIT | X-RAYS | MAIN |
| GRAVITATONAL | ARRAYS | MOONLIGHT |

# Puzzle # 39

```
P I S E Y N D Y B Y Y S S I V E Z F C H F P Z
R I T V Z D N D W A R F F E M U U C A V W B L
X I I N F G A W L U T G H I N F L A T I O N L
S B V A G A M F S H G I B J G O T U L P W F W
J Y T M E S M U H O C N S U R H B A M B K E E
O D A I D E O O L L V J B T E O Z D R B P S X
X B E R I S C N E E F I B Z A U S O B D H A I
L E S Z X A N G U L A R E V T N F V M C C D S
S V L E O B I O L O G I S T R W V P O B F J T
C F X A R Y G O L O E G X C E O V L H O I Z E
L K K G D V K E I P P O I E D W L U B P T E N
S L R S Y J I G J C O J E Y S A Y J J A O B C
L E Z G H F J N S O S M S K P G E O F Z Q B E
Y I R C K D R W G R C Y P S O C T B V B H M V
H A O P C I Y R K O X B I Z T G L S E L G N A
U A K X E I A P G N Q N L K K O W I L I W Q E
Y L G E K N N S A A G R C R N C R P Q D T Q Y
T H W O R Q T E N M Q F E C B K V I A O V Z J
```

| | | |
|---|---|---|
| ECLIPSE | CORONA | SERPENT |
| GASES | ANGLES | SOVIET |
| VEHICLE | PLUTO | BIOLOGIST |
| GREATREDSPOT | INFLATION | COLLAPSING |
| DWARF | ANGULAR | ZOMBIE |
| VACUUM | HYDROXIDE | COMMAND |
| GEOLOGY | OBSERVING | OBJECT |
| X-RAYS | SITE | EXISTENCE |

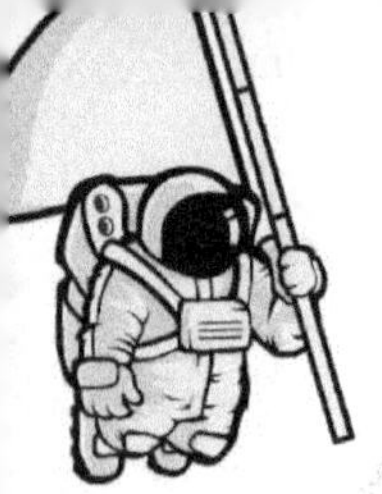

# Puzzle # 40

```
P A Y S O S C I S U P E R P O S I T I O N S Z
F S E N N U G N I T I B R O S R Y X W C C X P
O M G O Z I F K M D P D M S V H Q P Y H X R O
D A I I H R Y A O I E V I L O G L G M O L C M
Y E F S D A Y G T J E N J S P L O Z E N Q P X
S R O N P T V Z J R T P S C C L D W R D A G U
L T Z E Z T Z E T J F X O E O O B N U R R Q Q
Y S E M T I R I M B X N S I L O V W T I E S V
R G L I T G C S J C T G B X I Y Z E A T R Y Y
K Q N D M A V H J R P O Z M Q Q A Z R E A E B
F A X I L S R V O D R B O U U G P G E S F D H
S Q M O N Y H L S T E E Q I I A F I P A E A G
Q M O C P A C I S O P L F T D R W N M J C N S
L L L U L R W A J D A T N I W E C R E X A L R
G N I Z Y L A N A T R G N R A B Z R T W P Q O
M G R J P H U I C U I D N T T V Y F I W S E N
V E Z L Z W I C K Y N D N X E P A I N L I A T
B O U W H T S U R C G F Z Z R O F K T O C I E
```

| WANING | TRITIUM | IONS |
|---|---|---|
| CAPCOM | DISCOVER | ASTROBIOLOGY |
| TEMPERATURE | BELT | TAIL |
| PREPARING | ZWICKY | SAGITTARIUS |
| ORBITING | DIMENSIONS | SPACEFARER |
| CONTROL | DENSELY | CRUST |
| LIQUIDWATER | CHONDRITES | ANALYZING |
| VERTICAL | STREAMS | SUPERPOSITION |

# Puzzle # 41

```
Y I H S D E M P H O T O S P H E R E J V K N U
O W S I S C T A P T O T Y Q A I R A M Z I W Q
I K O K L O I U O J Y G S Q K O F Z P M U K L
D N V N Q S T Z B J T A R E M A C H L Z S H J
O G V A K Y A C S L T N T L B J O F E J U M V
N C P X T S V U E U Q L Z B Y T Z O K G M D T
O T E E O T E M R R Y S P C O S B P J U U F J
I E Q A N E W V V S M M A G G A Q J L Q M R P
T R U X N M Q C A B K F R F Z G E T Q F E S S
A R E T G S R U T W R A H G A L I L E A N L R
L E S E U Q T N I R P T O O F V T P T Y Y D B
L S M S A A H E O H Z H S U E E A L L N S M B
E T H S I H N L N C Y S A R I E E I F Y A I E
T R L E B U S R S H H W S C L B E E D N L L O
S I P R O G R A M F S E Z Z Z N V X N Z T Q N
N A H A L K M B D I S T A N C E S E C N T A S
O L Z E Y A Z H C W E R E P X C D F A W Y F C
C Z S N M K G H U D G W U P V A K M E L L P E
```

| | | |
|---|---|---|
| CONSTELLATION | WAVES | ION |
| PROGRAM | STEP | MANNED |
| CAMERA | PHOTOSPHERE | OCEANS |
| MANTLE | BELT | MULTIVERSE |
| DISTANCES | GALILEAN | GAS |
| TERRESTRIAL | FOOTPRINT | PHOTOGRAPH |
| OBSERVATIONS | LEAP | ECOSYSTEM |
| TESSERAE | MARIA | SUB |

# Puzzle # 42

```
A R S X Q R E G J S K C P M G Y C I B M F O S
T E D E W A S T A B I L I Z E R S N K V N P N
X U K J L B U A C L L I R D G H U E W U O D M
X P J B Q O O K R N X X I R A F X R X L I E V
N B P H K T H P F B N I E D G R F T W V T G Q
L K U D V C N M H F M Q W Y A E S I E A C G G
O N L P G U E T R O G U N T R T D A L J E R W
C T M H T R E H A O T C N C I N B L U M T O E
N C H A E A R L V Z W O K E N E I M D B E U X
S B I W H Y G T R R P P S B P C N J E X D P P
A L O R Q U A Y J T I O X P C Y E G T U A I L
S H H G I C H R O M O S P H E R E N E X H C O
S G T S A V T C I A P A U P S A L I C B P S R
W V M N B C C I Q W U O L Z C B Y G T Q J I A
I S P C U K O L T J I R Y T W M O A O M M X T
F W U F G V Q G S A Q J O M B E G Y R K C I I
A Q C K X B R T E X N Z C R W M Q O S A K M O
N D O B S E R V A T I O N S A L T V L N S Y N
```

| | | |
|---|---|---|
| WORMHOLES | INERTIA | GAGARIN |
| PHOTOS | TITAN | DRILL |
| TAILS | CNSA | GREENHOUSE |
| CHROMOSPHERE | BARYCENTER | GROUP |
| AURORA | DETECTION | EXPLORATION |
| VOYAGING | OBSERVATIONS | VAST |
| DETECTORS | STABILIZERS | METALLIC |
| SHOWER | PENUMBRA | RAY |

C X H U M M J F M V V M U U C A V V A Z S N N
S C I N O R T C E L E R S H S Q T X V V A T U
W D I F F R A C T I O N Z X R G E P O S S P Z
Z L U S C I E N T I F I C L E J K M N S U R R
Z U U F P R N V Q Y B S G B R E F B G A R O S
Q K I M A F R F D Q U A D R A T U R E A V P S
S B H L I Z I U X C X B U E F V G B T J E E Y
E L F I Q N Z U U T F J R W E E I N I T R L D
K C A L B Z A U M A X A J M C L I C X W Y L U
K L E C H A L R B W L O B J A O B Q G W S A M
F Y D E B R I S I Z W E Y Q P C X U O U D N Y
U S U Y L C K N A E R X M N S I S A M T T T N
F H H Y S W C Z W U S H I E X T A N W T O P H
E E B E O H P B P A R P E R Q I P T I T A N H
Q F Z Z N L G T D L D K P G V E K U B R S M U
N B O H J X K I R B I O R S Q S C M R D Z T T
R W K I Y I M T C A M E R A A Z L E W B F C X
Q C C C S E R U D E C O R P P B C W Y O E I J

| | | |
|---|---|---|
| NOVA | ERUPT | VACUUM |
| LUMINARIES | QUADRATURE | BUZZ |
| PROCEDURES | SCIENTIFIC | SPACEFARERS |
| PHOEBE | BLACK | SURVERYS |
| DIFFRACTION | QUANTUM | FLARE |
| VELOCITIES | ELECTRONICS | CAMERA |
| TITAN | DAWN | JAXA |
| DEBRIS | PROPELLANT | PINPOINT |

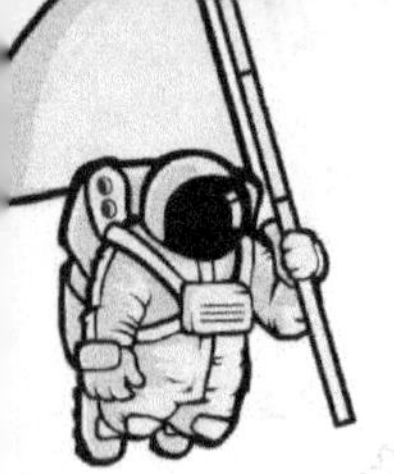

# Puzzle # 44

```
O H T T A W D F D M Y L O Y O Q C X J V Q K D
Z Y T M W N Q Q C I V T I L Z T S H L Q E K E
S D L V A F A Y Z S F N N E O Y A T Z E M N V
D R X M U J Q B T S T R E A K W I C Y K I U E
K O M U M L V R R I D R A R T A T E X X S A L
L O K A U H A J M O C E E V D X R Y W W S N O
C C A J W I J K L N Q E M G T S E T N K I Y P
H E A Q L D S Y E V R U S M N K N S S I O V I
T C N S P I S Q O M R O H P Y E I E B A N Z N
I N I N P A E T W U I O P Q P Z S R F O S O G
D A I T K D R T E U P J A A U C V S C N I X N
E T T J J E U Y Y C R C R O I L Q L E T N F O
W S Q Q L K D Z N A G A G V M O B H I M E U I
T I Z E T M E T F V L R O J A K J N W F Q I S
H D A P L F C F H L Y M T H G R G J F M D M U
K S C Z R I O E A I I B O E E I F O S I C F F
E Y C C W Z R X Z H N D H J R B R B B Q Q O A D
K M P Z U O P J T A S G P I Y T H C K T W D S
```

| | | |
|---|---|---|
| DISTANCE | PARALLAX | THING |
| INERTIA | MISSION | PHOTOGRAPH |
| PROCEDURES | MESSENGER | STYX |
| RELEASE | DEVELOPING | TRAILS |
| FUSION | IGNITION | VACUUM |
| HYDRO | EFFORT | COMMAND |
| IMAGERY | EMISSIONS | STREAK |
| SURVEYS | SEXTANT | ASTRA |

# Puzzle # 45

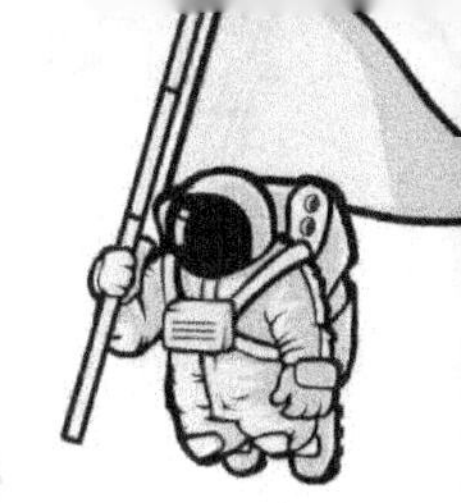

```
N F O N N E S E D O N S I N F O R M A T I O N
E H S Y Q S N O T B B U E C O L L A P S I N G
G N E G Y X O A T C L K S L J V H R A A Y H E
N X A U O X Y L L U N V L D C I D O F B Q N D
A H D M F R G M D L S E D U T I N G A M H U Q
S P E C T R O M E T E R S L E R T S R E L I C
A S T R O N O M E R S G G D N U O R G K C A B
M X H E H H Y S J O E G A F M D D V A Y I U A
M P X D H J F T S E I Z R M F B V R D P M V Z
P S G U W S J E P F T Z F E D U T I G N O L C
J I I T S L V M L S I S B V Y P S D S O G I Q
S M L I O T I O R H C W T J Q D A O E N T G I
B J Z T Q P A C I W O P Z R U G L Y I K A A S
L Z G A R N C R R C L U K O E X X N L B M E Z
V H O L G Y V N D W E T L T N A I G S O A Y S
I V A X T I B R O U V C L I W A M G H S A V X
Q W L Q R P G H Z C S F N V R X U S O S Z D N
P M S D S G T V T V F T I T C A D N U Q C F S
```

| | | |
|---|---|---|
| ORBIT | GIANT | VELOCITIES |
| PAYLOADS | SPECTROMETERS | ASTRONOMERS |
| MAGELLAN | SEASON | LONGITUDE |
| BACKGROUND | GOALS | COLLAPSING |
| PARTICLES | NODES | JETSTREAMS |
| STARDUST | CLOUDS | INFORMATION |
| OXYGEN | LATITUDE | COMETS |
| RELIC | TRAINING | MAGNITUDES |

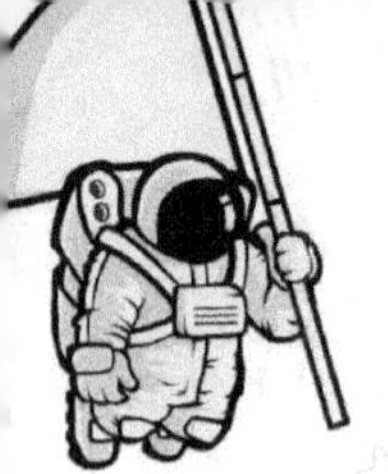

# Puzzle # 46

| | | |
|---|---|---|
| PERIHELION | ZOMBIE | JOVIAN |
| SPACEPORT | RED | DETRACTORS |
| PHOTOGRAPHY | ESA | TESSERAE |
| EQUATORIAL | OBERON | UV |
| EXPLODING | GASES | REFRACTION |
| SUBORBITAL | NEBULAS | EXPERIMENTS |
| FUEL | MAXWELL | AMMONIA |
| ROCHELIMIT | GEYSERS | SYNCHRONY |

# Puzzle # 47

```
C I M A R O N A P D E K R R X P K C Y G S X O
X J M W F M J W W R L T O U R Q Q N L V Y O N
Q B B F L H W G E L T R A N Q U I L I T Y N G
E B K I V U K H N P D V F U Y D R D U R Q I B
C S E N R T P A D H M U M P I E E O R J Q U M
N N G K Z S K Y L A R I P S B C A R T D N Q S
E O F A O A J V N S J K D U F N N K C A P E P
U Y J M E C I O L E L P E H S S O V G S T A K
Q R T R P N I L G S T M F X N U G D G W H E T
E A A W V L S I D E R E A L P U I S E X Y V C
S B G Q E T H Q Z D S C K N G A Y X R S I D W
W Z P H N N I R D L A F F U D T N A Z S Z O K
J I P M S T L F Q A E O Y I N R O D D M T M V
D A N O I T A I D A R R O F N M V Y I J I A X
A S S E M B L I E S A X I X S I Y A T N I I U
X V E M M S V S K B I V O Q B G G D P T G N X
X N N J K O E S H D V Q N N Y F J O Y Q R T V
R C O H M G Y Q E M E J S G V C L I M A T E L
```

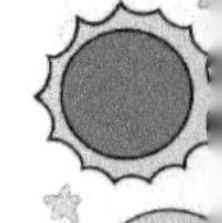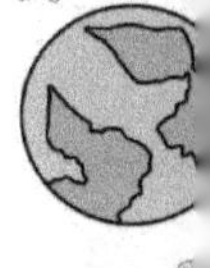

| | | |
|---|---|---|
| ATMOSPHERE | SPIRAL | IONS |
| ALDRIN | TOUR | ROTATE |
| APHELION | RYUGU | PHASES |
| SIDEREAL | BARYONS | ASSEMBLIES |
| RADIATION | NODES | NEIL |
| TRANQUILITY | PANORAMIC | RED |
| CLIMATE | DIOXIDE | EQUINOX |
| SEQUENCE | EXPANDING | DOMAIN |

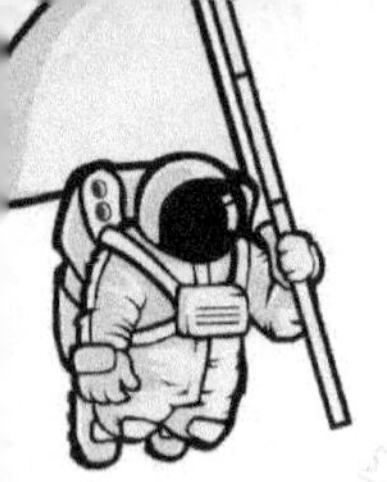

# Puzzle # 48

```
H K L T Y H Z N X T O P X L S S I Z N Y Y A B
F K Z C X H F C V S Q R H G C T O B E T N W T
L A I T S E L E C P L O S V D D F U I S P U F
E P O C S E L E T A X P E L I R L N R G T F X
K J V Q C X S G M C I E V A S S I E R O V S Q
E P G C E E J I N E Z L C E R F V Z W A H I R
N E T W O B B L E F E L A C N O J X L I Z H O
K U C O J J A G R A N A D I L S F Z E N C C T
E T W O L L E Y A R H N Q U I M E L M U R Q C
L C N O I S N E T E F T T I Q F D W Z O L K A
U U I Y Q I V J M R N I E N A G E L R R B H P
S X C O S K E L E S O N E S U O H N E E R G M
P R O V A E D N E N M W A V E S O I S A Z R I
A R Z S I A Z R U Z H M C B Z E R C F N F X G
C N I F Q O M X Q P O P U L A T I O N S W Z E
A S T R O N O M I C A L N E O T Z J P F S J R
G N I S P A L L O C C Q D E P C O H F H C M Z
I R E S O L U T I O N S Y O O D N C S D I T C
```

| | | |
|---|---|---|
| CELESTIAL | HORIZON | ZODIAC |
| OPTICS | REVOLUTION | ENDEAVOR |
| POPULATIONS | RESOLUTIONS | GREENHOUSE |
| NEO | WOBBLE | SHIELD |
| TELESCOPE | YELLOW | INFINITY |
| WAVES | CAPSULE | ASTRONOMICAL |
| SPACEFARERS | SLS | TENSION |
| IMPACTOR | PROPELLANT | COLLAPSING |

# Puzzle # 49

```
T N B B Y A C H O S S P A C E C R A F T G J Z
M E S E C I V E D C O R O N A S N V Q K A F X
K H J L Q O B B C R E S O L U T I O N V S F G
L Q Q D A P E C F X S S E O N A C L O V E J C
A V U P H C S C V R L S T S I T N E I C S D P
K J Y B F T M C N W O K U A A F D R N O A J Q
T G L M O O N L I G H T U I R S S T E N A L P
M D P Y P L A N E T A R Y N E L Z K E V D E A
R Z W Z S P E C T R O M E T E R I M Y F F M T
C N Z D E W D G U Q S P L E A A Z G Y X K K M
J W K Z N V D P D J D N U R A G R H H Q Z E O
L R U H V E I K F L P U G I Y W E A O T B V S
P U A D F D O Z Q J H C C O A X N R K C O R P
V O R E I D X J A U M L I R D B I C P F M E H
O X L O Y Q I G I O T E R F I M R E K W E V E
K A V A G S D J U G D A B G P W A F C X S F R
Y T Y L R S E U Q U O R A C C M M W Z Z E Q I
P A R A B O L I C R S C F O R M A T I O N S C
```

| | | |
|---|---|---|
| PLANETS | STARLIGHT | GASES |
| SCIENTISTS | ROCK | FORMATIONS |
| ATMOSPHERIC | MARINER | PLANETARY |
| NUCLEAR | BIG | FABRIC |
| YEAR | CORONAS | SPACECRAFT |
| RESOLUTION | DEVICES | VOLCANOES |
| PARABOLIC | POLAR | INTERIOR |
| DIOXIDE | SPECTROMETER | MOONLIGHT |

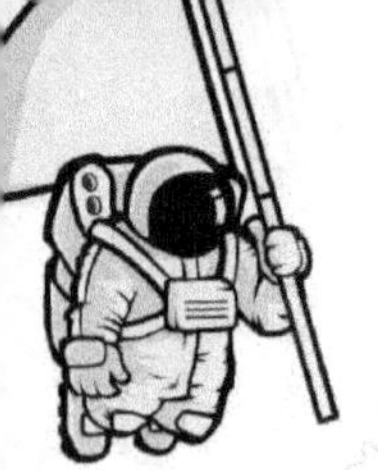

# Puzzle # 50

```
T Y T E L V T R L B J C M V M H G R Y S C Q J
A E D S A G Q N H I K D P S P K E Q L Z A C R
C G N B N I N O S R E T A R C R P K L P G Z P
E E T G O H F I X P C T S C I E N T I F I C S
G D S O I L G T R H L R N B Q S W V G R V B A
H T Q R T N G A A U A I V K S E D O N I M R V
C W S T A W E M N O S F U B D A S Y O L P D T
N Q K W T P O R I U A A C A S R Z C O I D L S
S L A T I B R O R W D E E R O C V F O Q Z N D
R M U H V V G F A G T P X M U H H M K U O E B
X O R C A V H S G S H H W S T E P U I I U Y A
C I T E R A N N A T E D I B H R D N S D Q A A
W D B I G I O A G C O K F S Q S S S D W Y W K
Y M C M N Z Y R G E R D N S Z I I H S A X A C
P J D E A O J T A J Y L X V G M Z U Z T T R M
K B E W E I M Y F B O L D H E J U A C E I A W
V I K L V V N O L O T X T Y B Q D F Z R M F R
C Q S A G I T T A R I U S V K P O L E S N Y W
```

| | | |
|---|---|---|
| PARSEC | GAGARIN | SCIENTIFIC |
| ORBITALS | MONITOR | RESEARCHERS |
| TRANSFORMATION | EMISSIONS | LIQUIDWATER |
| MAIN | OBJECTS | SOUTH |
| NODES | GRAVITATIONAL | FARAWAY |
| CRATERS | MEASURING | THEORY |
| ENGINE | INSIGHT | POLES |
| ARMS | SAGITTARIUS | EDGE |

# Puzzle # 51

```
A Y Z U O A J N E O O Y S E A R C H D E L O H
Q P N S C L A N O T A T I V A R G H Z C D X H
N A C C R E T I O N Y K I J Z S A L V A L P U
A X S I N G U L A R I T Y O R F X P N P R A U
T G L E A N C D H G Z T D Q B A K O G S Q J V
I F Y R Q C S W S T Y B X K N K P Q F R G E Y
T O E R E H P S O I L E H N D P J Y L E P X D
O R R M V R E P G N G Y E G O F H T R T T I D
I C S E M D L V E B J T W R O P C O X U J X L
D E N H L Y U G A N N S T X A B P P W O F L L
U Z E D E P C Y L A Y U Y R A A P O R A F Q L
V U G I N N E R S X N S G B T L W G V Q V V Z
H O U L T U L K B I T O P Y Y J L R S H K S K
E R Y L L W O V T L T B I U E L E A T J S D M
P B H V Z D M Y E O X M S D Y N F P R W C H G
S I C L O U D O H J Z N O I I K T H Z A J X Z
Q T P B S B L P M U X I H M O M R Y T I P X Y
J S U B C P K K E P T N E M A L I F E E B Z U
```

| | | |
|---|---|---|
| ANTENNA | PARALLAX | TOP |
| FILAMENT | OUTERSPACE | INNER |
| MINERVA | PHOTOGRAPHY | TOPOGRAPHY |
| HYUGENS | NEO | GRAVITATONAL |
| ORBITS | KEPLER | MOLECULE |
| HELIOSPHERE | TITAN | CLOUD |
| SEARCH | G-FORCE | OPPORTUNITY |
| FLYBYS | SINGULARITY | ACCRETION |

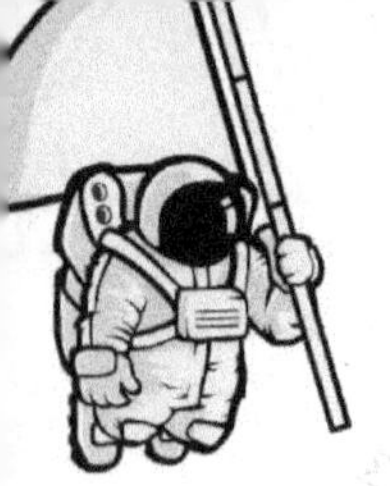

# Puzzle # 52

```
H Y W D B G V Q V L V G C K A W O C V A Z C X
P R E P A R I N G O Z R I S W L V I P V I N P
H O E N U T P E N V Q G R I D E A E T Z Q G I
I O H Z E S P C I G Y U E R A N L G H D K Y O
Z R U N V B A S D Y P D L E B S T A Y V E X N
G B C G I A Q R N J I S D M S N I T E L P J E
E I S C O L N A A M V S E E Y M T S N L U G E
L T N U S L K T L S V S R H Q G U B T U B N R
E E C T Z I M S B P G R U P I L D O I P G B W
C R B X N S M A L T I Q M E C G E Q T N E N Z
T L M C H T N O I T A T S N H E S E I T A U N
R A I U D I X G S M U V W T V G D R E E G P I
O F L F H C X G L C G F R B X A U L S H R B C
N Z M G F I V C X Z H K U T E S G I Y A Y Z Z
I S R E T S U L C R E P U S A E O N Q T I B Q
C A A L X O E S S D S Z G E U M H A R M O N Y
S E I G O L O N H C E T M S D O M E T A L H Q
V R I C X T A Y H S M P E J S X H E B W O K W
```

| | | |
|---|---|---|
| ENTITIES | ELECTRONICS | LANDING |
| NEPTUNE | STARS | SUN |
| TECHNOLOGIES | BALLISTIC | CLIFF |
| EPHEMERIS | HARMONY | PREPARING |
| ALTITUDES | PIONEER | ORBITER |
| AGE | LENS | MEASURING |
| STATION | STAGE | METAL |
| PULL | BETELGEUSE | SUPERCLUSTERS |

# Puzzle # 53

```
P C A M F G A S N W N A F Z Y R S O D G H L Y
H L O F C T Z C V D A Y F H B R T F N Z B G I
P R M N Z G U W O M I J R E G O L I T H N J U
F P P Y T O B C Y M L S I O D U P J L I G Y T
F V J M U I Y Q A J E Y C L V P M R P N P T T
J F W J G R N C G C B Q T O A T K O H G I H X
N G F B F A N E I O B B I M V D L X P V P F R
M T A Q U B O B N Q U B O B A E B J N S G V A
O N S S W I S F G T H P N H V N R Z W I C K Y
G L A D Y N N M A P S P V E A U A Y J G E A Q
I A T Y I E I L Q D E Y D E A B J L W C P H X
I Y E G P R O P U L S I O N E E I R Y C A S M
U H L R V T T E C H N I C I A N A F T N Z R B Y
U B L F J I S R E R A F E C A P S L A A I B B
K N I Z Y A E C I R E H P S O M T A T T S N S
F C T N O I T A Z I N O I J V B J S E V I H G
F I E Z E C N A T T I M S N A R T V W M D O Y
N H Y H N C N X X S Y B Y L F E T R R E V T N
```

| | | |
|---|---|---|
| SATELLITE | IONIZATION | PROPULSION |
| STARS | MAPS | MAPPING |
| TRANSMITTANCE | ATMOSPHERIC | CONTINENTS |
| FLYBYS | REGOLITH | ANALYZING |
| BIGBANG | INERTIA | VOYAGING |
| HUBBELIAN | DISCOVERY | TECHNICIAN |
| SPACEFARERS | HABITATION | HIGH |
| FRICTION | DEVELOPING | ZWICKY |

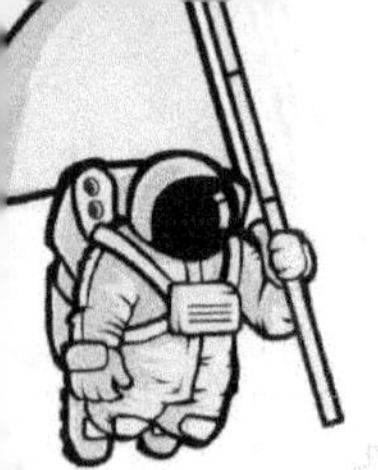

# Puzzle # 54

| | | |
|---|---|---|
| WAXING | REALMS | LABORATORY |
| COMETARY | GUIDANCE | SYSTEMS |
| LENS | CLOUD | COLLECTIONS |
| PROPELS | TEARS | LARRY |
| PARALLAX | SOLSTICE | HORIZONS |
| UNIVERSAL | NIXON | SIXWHEEL |
| HUBBELIAN | BELTS | SILICON |
| RAY | BODIES | SOUTH |

# Puzzle # 55

```
T E R E H P S O T E N G A M V V D A A B R V S
K Y B C K T G G T Z Y A Y I K X A S E S D X D
M A G O L I V I N G L Y M H Y D S T U U A G P
B A Z S L I A U L K E P Z M G F M R U S X V C
V Q Z M C I R E H P S O M T A D Y A E T U V E
M L Q O C G A L F M N K X H K G M S R E E E S
J M S N X D A Z T V E D G E H T U O S N W Z R
K H L A D V N F Y X D K N R E I O J U A V D A
U T U U M P N I N I E G M Q R C Q S F N A H P
T M R T U U S Y W Z I D M I E U O F Y C R T A
A L F N T A L U R N H J S A T A G D G E I Y G
G S Q T R O V T E T Y S N Q N U Y O E M A M E
G P T O T F F E I R R Z T G N W V O B B B H M
V K R E S Y R J V V N A U A M G S O C I L G P
R U W P R I D V X T E L C B G N E Y C E E A E
A C G S N O C L P L A R T K K I G S L C A A Z
G N B G K Y I P Z R D Y S T Z D N O T W N N Z
G R K G N Q C D S U W G Q E X R T G W T U A S
```

| | | |
|---|---|---|
| GAMMA | ASTEROID | COSMONAUT |
| WIND | VENUS | OCEANS |
| ATMOSPHERIC | ALBEDO | VARIABLE |
| MULTIVERSE | SUSTENANCE | ASTRA |
| ANGULAR | STAGING | ENGINEERING |
| MAGNETOSPHERE | DENSELY | OCEAN |
| LIVING | AURORAS | SIRIUS |
| TRACK | MEGAPARSEC | SOUTH |

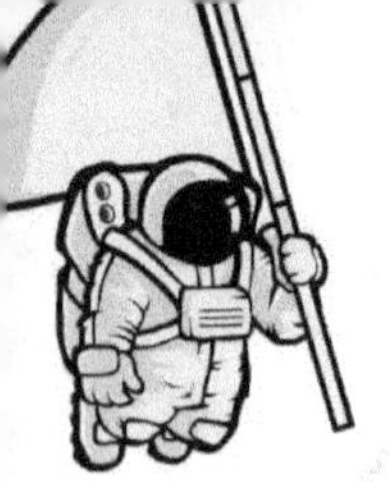

# Puzzle # 56

| | | | | | | | | | | | | | | | | | | | | | |
|---|---|---|---|---|---|---|---|---|---|---|---|---|---|---|---|---|---|---|---|---|---|
| D | N | D | O | C | D | T | S | J | L | L | W | Z | E | N | T | S | E | K | Q | S | T | W |

```
D N D O C D T S J L L W Z E N T S E K Q S T W
Y G S E S S I N Z S B B B M G H U Z W J M D D
D H N D T S H O H R R H X A X B L U E Y T X L
E M I I Y G D A I B B D F R V Z V K Q T R I O
E E C L L I P G Z Q J F B F E D I X O I D H C
I P A Z A L H P M H P K G U Z P E S R L W O Y
A N R C T T E E Y M T E E Q D P Z R E I H L X
A N A A N C T V E Z M C R V Y E I A M U I A C
N L N E L S Z T A L A Y L I B E N E O Q M C N
X O S K Y O S T A R L A V T H B O T T N A I G
E S I S I Y P B X F T P X A K E I C E A G T X
Q V H T S K W W C X C Y C I W F L G F R E E K
G M M O A G F G Y M X E U R S A I I J T R R N
Z N C I E R X C D I E O X P X Q H B O A Y O E
S E Z J N U A Y P Q L P A I X Z R U N N P E Z
O Z R I D C B P B Y P T J O Y X M S M I A H A
E P S O L N U K E F H S E N I G N E W D J T B
I N A N K V G L S S A A G W Q L L G F L N O U
```

| PERIHELION | ZODIACAL | ENGINES |
|---|---|---|
| TRANQUILITY | ANALYSIS | THEORETICAL |
| ECOSYSTEM | COLD | BLUE |
| SEPARATION | TEARS | URSA |
| BRIGHTNESS | IONIZE | BEEP |
| TRAVELLING | REMOTE | IMAGERY |
| SYSTEM | POLAR | DIOXIDE |
| PATH | SHAP | FRAME |

# Puzzle # 57

```
M O O N L I G H T Z G D W R P I R W B B L Z M
Q J M F B N N T P L O S H C A E P O X I Z T Y
Q S W A I E N G I N E S N O C E L N N T H K O
G Y I B S U W Y O G K A B N Y I Y B D G Y T Y
I K O N O T V H S A R Y E V D K T D I Z C W S
V R N H F V O V P Q D T B E E W G L T B X N U
P C O L F I C U E O S G N C X C N Y R O V D L
Y F G F A P N Q N I Y D T T U U L S A U C W U
Q B X Z A C K I X D X T S I S N G D V G T X S
R C I X T X A E T A I E U O R X D U E E L L I
P A R S E C T I U E D N E N G R D O L M X Q V
R C E A B M S Z D O I X G A K N B L S C W J Y
T A V S J A W W N O Z L L U L C I C G C U F U
L M S V P H T A P S Z W X E T R O V N O C R O
G D A L K I P R Y V T J R N Q Z F B I P A Y N
G U G E U H L H P A Q B F S R L Q S R L Y B W
C N H J K P O L H V N P Q G G N I Z Y L A N A
O E E P E E D I E L X V E V A C I B X E R E Y
```

| | | |
|---|---|---|
| PULSAR | PARSEC | INFINITE |
| DEEP | NODES | ASTOUNDING |
| CLOUDS | LIVING | CONVECTION |
| ANALYZING | EVA | RING |
| YEAR | ZODIACAL | ELLIPSE |
| VORTEX | ENGINES | TRAVEL |
| PROBING | SUNLIGHT | BOLIDE |
| PATH | EXISTENCE | MOONLIGHT |

# Puzzle # 58

```
V E I N D O Y E V Z B S E G A T S Y L S S V Q
A S M B L G A U D R L O N D F L U C Y C C N B
P E D R R F P E L Q U F C N E R J I E I I E J
A I B E F C V W Z M E D W A N J I B C T N D S
B R N Q Q I U K V T G P R A O C V W L S O I N
C E H G C I T E T W R N D V I G R B I I R D Z
V T S E G E R A L F E S L R D E O B P G T J M
B S S A R B M U S D E O E U O O H L S O C F E
O Y A D D Q T F S D N H I R Z L I Y E L E Z C
E M V Z S H V X X O P U F K A O H V S Y L B N
B S P R S K C O R S V O E X H G R G Q Y E Z A
J T B D M C E G O C K I H G T Y W N T J O K D
E A T A I F P M S Q L K E D B S R M Y K S O I
U R I R M W T L R F A S O T T C V W V B L O T
G B C K X A Q U P H O T O S T A I V Q U C B S
V A R K B F H M C T Y S P Q W R X U Q I S M Y
F S E Z I N O I E R L L E N S P N P A L Y R V
Y E D L T W E C Q N E E A D X S L A A L K P U
```

| | | |
|---|---|---|
| ENERGY | REIONIZE | FLARE |
| SOVIET | GEOLOGY | FIELD |
| ATMOSPHERIC | ARES | BLUE-GREEN |
| ECLIPSES | STAGES | SKY |
| DARK | STARBASE | ELECTRONICS |
| PHOTOS | DEVICES | ROCKS |
| LOGISTICS | SCARPS | DANCE |
| UMBRA | MYSTERIES | LEARNED |

# Puzzle # 59

```
P G Y X R O Y N T D Y N A M I C S S M U Y V X
T I S P I N W R M N K S H S G G D K U C P S A
F E W A N C O A I X N T W F P R O V E R D I D
U R K B H P Z S R D Y C X E M W Z S T G T R W
Y S M D E H C N U A L E H W U O W V A T V E G
Y G E C Y P W B D V K J X W B Q X O E A M M X
V C A N O V A Y V H F O B A F D F C S M K E V
V P O D E B L A D R Y R L Y I X H T K N V H S
S D Y L N U S A W K R P Z G C N N Y O V A P Y
H C Y Z S X J S W Q H K O B I E T I J O R E Y
O G O N E Z K V L A X W E Q S F S U M I F F M
L I X V S E J W U A I A U S A N D V M D O A X
L Z C B S A R B M A N E K B A W I N D S R O M
O F C V A S O A I G S Q K M B R F O Z I U X X
P O M W G O I I N Z E C T L E E U M A U Q X R
A S L A N G I S A U C E S R A P A G E M Y N I
M W F C M F T N R B L F D D Z Y F Z D W D Q P
U U L F G F L Y Y C D Y K G A Z J G V T L O S
```

| | | |
|---|---|---|
| ALPHA | FEW | MANSION |
| SPACEPORT | PROJECTS | LAUNCHED |
| ROVER | TECHNIQUES | ALBEDO |
| SPIN | MARIA | VASTNESS |
| NOVA | LUNAR | LUMINARY |
| DYNAMICS | SIGNALS | APOLLO |
| WIND | SUN | GASSES |
| EPHEMERIS | VOIDS | MEGAPARSEC |

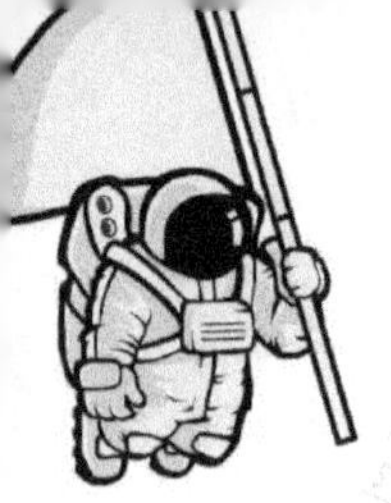

# Puzzle # 60

```
N O I T A R O L P X E G W A B V N P Q U U V X
S S N O I S I V R B T E W A N D E R E R A T W
G Z I P Z R C E T N A S W X F D C Q W B J G E
B C O K E I L R E T V O I I W I N D M N J Y E
Q K P T D N Z M H S L E W A I C A Q K A X T M
S R O N I G E E S L V H R M G R T T B G A F S
O H A M L L R P E B B F K K O V S I B P L E I
K P R U T E W Y U L S H R U M R I S P S I B K
U C X T C T E K A U Q H T R A E D R E G G C Z
A K E H W S Q Q E C T W M G A Y O Q O U G D K
P S L I F C T V E S U R D K I A U L I I Z U T
O K Z I U O I A L I U D G Q C E O D I O V H F
L Q U U L M H H L K Q O I H N N A G H P P T G
L H V C L E Z T I D B G I C H N Y L E V A R B
O R Q G U T P I P H C N E C C H T I L O G E R
C N D Z J A X N T T G O E E N S J D W Q B A K
T A X Y V R F E I P R T F Y Z E A R E S S E T
D O M V I Y M Z C T N E M H S I L P M O C C A
```

| | | |
|---|---|---|
| ZENITH | YELLOW | GUIDANCE |
| ACCOMPLISHMENT | APOLLO | AGE |
| DWARFS | APPROACHING | WEATHER |
| RINGLETS | FULL | SETTLEMENT |
| DISTANCE | COMETARY | BRAVELY |
| EXPLORATION | WANDERER | VISIONS |
| TECHNOLOGIES | TESSERAE | EARTHQUAKE |
| REGOLITH | SEQUENCE | ELLIPTIC |

# Puzzle # 61

```
G T D Q F W M T L H K P L A F Q P Q V B O K R
D H H O H E Y U A M K Z A M O L E C U L E S E
G O U E K K I W V A T N S E L H E R O L F N N
V Z R C Z I J N I P E S R L G Y I R E Q Y L I
O I B A X R I I V S X E E B F V F E H U T C R
S N J P O Y Y U R M O P V P E Q H E K A X G A
E U H S W R B Q U E S T I L W W I N K R M H M
R T X R F R D Y S M P D N C X C U T Q K X W Z
E J E E Z Z M Y S W H H U I H K B R J S T I T
H U K T L R A E H C E E S B O U Q Y D A N H D
P Q W U L W S H A M R X P H O T O S P H E R E
S E N O L C Y C I S E H A B I T A B L E I R Q
O A M M E I F R D J U I S I B L U E G R E E N
M Z X U V I A Q E I P R V A L B E D O U E Z H
T L M I L N B N N C Z K I C S P K M L C A Q E
A O U Q D Z Q B K Q S Z C N U F M E N S S E A
W W R A I E P O C S V F G A G N S A C T F S W
O F P K M U M R K R W V C W P W D F K R Q O I
```

| | | |
|---|---|---|
| QUARKS | UNIVERSAL | OUTERSPACE |
| ATMOSPHERES | QUEST | MAPS |
| MEASURING | SCOPE | EXOSPHERE |
| ALBEDO | CYCLONES | MIRANDA |
| HYDRO | REENTRY | HERO |
| SIXWHEEL | MOLECULES | PHOTOSPHERE |
| HABITABLE | SURVIVAL | MARINER |
| SEA | BLUE-GREEN | DANCE |

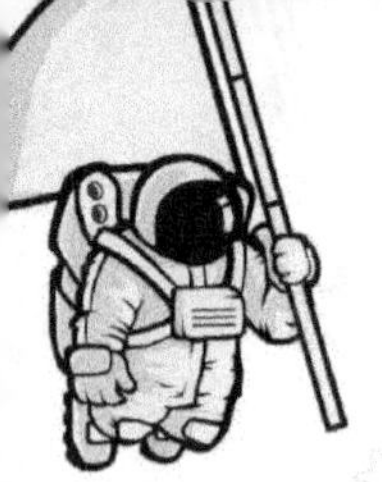

# Puzzle # 62

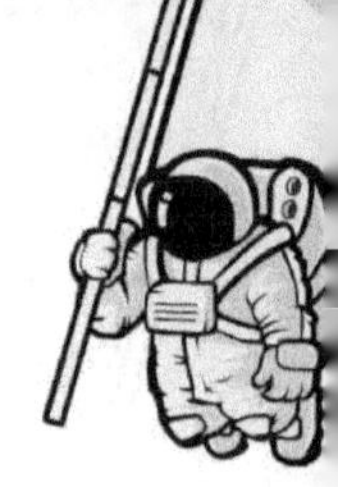

```
I I J O Q L X Y R L Z D N P Q B S Y J F H Q Z
J D E X W X I N C D B F H F W G A Y E A T L A
K V Z I A F D E E S I T O L A I X A G J B G R
J A L M O B B T C I G X S R E S Y E G X V N T
H S J B T U R C I N B L W Q M O O D V X Q I R
U Q U V Y A E O E X A D A R K A A M S S M D A
S J S N C X D L A I N I W C Y L T Z Y I Y N N
M A N T L E X L N F G B D V L I H I Q R R U S
R M O K H S E I E C C X D A N G M M O E O O M
A R U H B J W S P T M X A Q R N A U U N T T I
S O U I E R S I T S V X A Y S M Y L C I S S T
C P F C R B V O U H T C A K E E T T V R I A T
G W T U K E C N N R X R B E D N I I T A H N E
D A U V H V T C E Q P Z E H O T T V E M O X R
F L K L B A B U L K X Q U A N S N E T O Y U K
S R A S A U Q P E A Y V V F M Y E R M I T Y F
W H E E L S S Q M D A D R J R S J S Z R P X A
S J G D A N X H G A Z I J B A M C E R D U I V
```

| | | |
|---|---|---|
| BIGBANG | DARK | DEUTERIUM |
| ENTITY | MOON | HISTORY |
| WHEELS | MANTLE | FORMATION |
| GEYSERS | EJECTA | MULTIVERSE |
| QUASARS | COLLISION | NODES |
| TRANSMITTER | NEPTUNE | ASTOUNDING |
| DETRACTORS | MARINERIS | AXIAL |
| RADIANCE | ALIGNMENTS | STREAMS |

# Puzzle # 63

```
X X M D K V G E X P L O R E R S D A I R Y M L
K Y K B U B O U N D A R Y D V S E T T K I L K
L E A U H H R Y X X Z M C S X L I R R W C R V
W L C A O H O Y A L E E H W X I S E E A T Y Y
S C M R D N E W K G L W R S V C P O R N I Y Y
Y I E M B F K K M W E H R P P A O J M A N L S
J H C S N D Z B T Q V R M I Z N L A B A M C S
H E R T E A N A L Y Z E J R D G Q J N S U J L
B V O R T B K V H W C K E A C L T C K N W E H
G T F O K O O Y L V H O I L F E G W D F R R E
S U G N N Z B R J V O P X B W S Y H A W V A X
G L B G H Y J O P K A G D G Y R V O A D C D P
X B J Q A X V M R R D N R W P X A O E A M I A
J R E S E A R C H E R S O Z K B Y N P S J A N
J S T R U C T U R E N T C F P P S S X B N N D
V B F R T A T I B A H G K U J I U Q P P V S I
W O K J C R M H W D Z Y Y I T L Z G N D P X N
B F L I U V U X G O Q U M Y E J X M V D K C G
```

| SPIRAL | MYRIAD | CAPSULE |
| --- | --- | --- |
| ARMSTRONG | VEHICLE | EXPLORERS |
| STRUCTURE | ANALYZE | HABITAT |
| DENSITY | EXPANDING | END |
| RADIANS | ANGLES | PROBES |
| MARE | VOYAGER | SIXWHEEL |
| BOUNDARY | RESEARCHERS | G-FORCE |
| ROCKY | ROBOT | TRAILS |

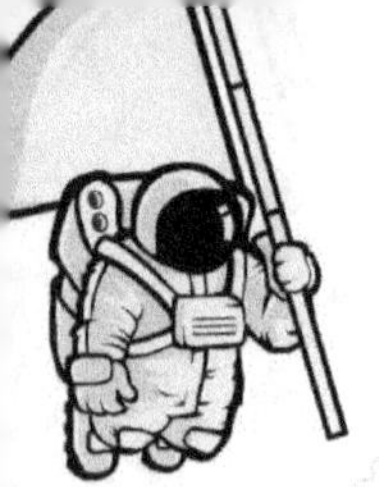

# Puzzle # 64

```
X S D S P F K W C O P P O R T U N I T Y W R Z
H F T A O S N P K E V A L L E Y S F P N V I U
G Y S C F N J N N O T L N L K T M Z Y Q O G Y
Y K T Y A G I D G H E D I X O R D Y H K L T T
V C I B P P E R N W J U D X W Z A I N L U E O
X O M N S A M P T Z E G R E T A W T R U M J H
N R Z L V V Q I T U T U N I V E R S E D E A T
L V W O W S W B T G E Y P F N C R J X M X F I
B G R J X I V C L P X N L D K P U H S I O T N
A P P V V N S N O I T C E L L O C F A A X C E
I B P R S E R P E N T S E A R C H L R W L H Z
B X L R O M U O M A U H G D H D O I Z K Z F J
Y I H J S T F S T A T I B A H D E Z A U E N O
E P J F Z D O X H N E G Z V O L P J X U T U B
E Q B I T Q I S B M T Q P L G H S C N Y A X P
C C R F R I M O T V P E T S L L A M S Q J F E
G S I X D H Q P V A L A I T A P S X L N W O U
T O W M V Z X F Z C R Z V R K E G V K L K F O
```

| | | |
|---|---|---|
| UNIVERSE | COMET | JET |
| ZETA | HYDROXIDE | ENDEAVOR |
| WATER | HABITAT | OPPORTUNITY |
| ARIEL | IMPACTS | VOIDS |
| ZENITH | VOLUME | SERPENT |
| NEUTRINOS | SMALLSTEP | COLLECTIONS |
| SEARCH | VALLEYS | AXIAL |
| ROCKY | PROTOSTAR | SPATIAL |

# Puzzle # 65

```
E X G D D I M E N S I O N S J I N O N E X D Y
C I D S P E S P I L C E J A P Q L Q T R P B T
O P N U X T Q I N W P T Y J Y X X S M O G H R
N S U P C E A L T I T U D E O Q N E W C I Y W
S P O E I O K N P H M C K S P A E A M M A A U
T A B R H I Y P R Z B A T S T Y W R B L N A M
E C H C W F H Y A R S C J R M F T C I E T F S
L E T L I B P W M H E M B O U Q O H H X S R F
L F R U A F A C W J G E O P R I N I B O E U F
A A A S F Q R Z B V A V O P Y I D N J Y M J X
T R E T F F G O L M Y E K A R K S G A F O Z Z
I E Y E V O O S V H O Q R E S W E L T G O Q H
O R R R M F E Z P C V S Y O L B R W E R N Z C
N S C S H K G E P A G F S E L V G Z G Y S G H
S R A D I A N S F S T P Q P Y K I U Z U R H N
A Y G C A S S I N I P I Z J E I L N N P P U O
E S C A L A T I O N R I A J B Y H O Z A W T S
U M G N B A I C M T W C N L G H L F F W V X K
```

| ECLIPSE | MAJORIS | SPACEFARERS |
| GEOGRAPHY | KELVIN | SUPERCLUSTERS |
| GIANTS | EARTHBOUND | ALTITUDE |
| NEWTON | ESCALATION | SPIN |
| MOONS | DIMENSIONS | OBJECTS |
| CONSTELLATIONS | SEARCHING | VOYAGES |
| RADIANS | SPATIAL | LAYERS |
| CASSINI | XENON | FOLKLORE |

# Puzzle # 66

```
O U T E R S P A C E N A I L E B B U H W A L T
Q M G A S E O U S S L A I R E T A M M T B V Q
O G W V O C D T C Q K J S D U B D H X G V Z I
T P F S O D K C Z A A G A S T E N B Z Y M D H
G E T J E M A Q T Q R W L J N O L D O V O X G
P A R Y T R U B J K T R Z O I Y T B E V U Y P
G Y D M B O E V P U L L I T N N N R V W E Y P
D S S O I I M C E O U L I M S T A B Z T R D J
O T N E Q N J P G I E N Y D H B F L F G J O N
R R M B I S A P I H G E L E C T R O N S W I P
B U K C N U Y T P I B O R A N A L Y Z E B V K
I C E N E D N A O O S E H E P H H T I G I L O
T T N S J A O N A R D C O S M O L O G I S T S
E U I H T L I F D S U A B N D Q V C W J A Y I
R R B L T E D P T A I N O M M A E B W V A S T
S E C W F C A A N N R O J A M T B J M X D F X
T J O N E N R N U D C M D M I B O O J H B H S
F X C G P E M O L U E Y Y S Q T R I T O N M G
```

| | | |
|---|---|---|
| IGNITION | ELECTRONS | OUTERSPACE |
| HUBBELIAN | GASEOUS | CERES |
| VAST | APHELION | AMMONIA |
| TRITON | TERMINATOR | SITE |
| CARBON | RADIO | STRUCTURE |
| ORBITERS | ANALYZE | MATERIALS |
| COSMOLOGISTS | THEREDSTAR | ENCELADUS |
| PULL | ULTRA | MAJOR |

# Puzzle # 67

```
P U O H F B V Y T P S T M Z E M Z E V W M R W
G H Y R Z A I J Y O F V O H R D Y P T U B X N
H E M O V R Z O Y U A D B E V A I J J M Q P O
M G M O V Y B L E P M E T N X X I X R N K L Z
I B V O J C S T T C S R K J O Y K N O D R T I
D Y P C T E C E U L K T I K A W Y B W I L K R
D O C G A N C P L R S P S O X A V D Z X D Q O
L K G E R T T O X H I I W A D V Q J I S D P H
E G N Y G E E J L I D N W B I E H A T S E U Q
A L K O E R G Z H L T L F U Q S S H Y D R A X
G O D N T C G F G L A U H I S P A C E W A L K
E B G A S E G R A L K P I H N F U N H R N E V
M E X X T D E F E N S E S Q B I V W I X O B L
S K K C Y R T N E E R C D E Q P T N N Z U J D
Y R C Z Y M D N B R Q F N O E P G E X K R Y Z
P S P E C T A C L E E L O H M R O W X U S L E
L U M I N O U S S N O I T A L L E T S N O C W
O E R U T P A C I N C N P R K T X Z C Y X Q T
```

| | | |
|---|---|---|
| HORIZON | WAVES | LUMINOUS |
| SPACEWALK | SPECTACLE | RAIN |
| MIDDLE-AGE | DEFENSE | DIOXIDE |
| CONSTELLATIONS | LARGE | WORMHOLE |
| INFINITE | DISKS | REENTRY |
| GLOBE | QUEST | CAPTURE |
| HYDRA | TEMPEL | BARYCENTER |
| COLLAPSE | TARGETS | RING |

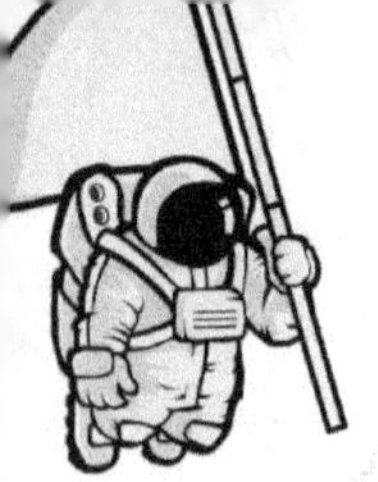

# Puzzle # 68

```
U E R U T A R E P M E T X P H O M Z Q P D L E
I T I G M H D G Y T E N R X Y X U W Z K O R A
B Z E Z U E W T R A I L S P U K P R X Z B E L
J Q K Q M H I S T O R Y M U G R S Z T L W R P
G F R Y R O P E R A T I O N E A R S A D Q E E
O L N D S J P I M Q S W J B N G U R O C Q D M
N A E L P I X T A I C C O O S N E S P O E N X
G S M B E M A S S I V E R T A N K Q H M A A A
C E W C C V P I T M U O J M I R P E D M N W R
H G V C T B G N R A C B I M P A T H W A Y S Q
W L U D R X A F O R M E Z E N D J E A N Q G N
E X P L O R E L P I O N I Z A T I O N D U M H
F A Z A S U R A H N F U T M O N G T T I Z M I
L I R S C U A T Y E W N P Z H Q J L D I D G E
P P Y V O P L I S R S Y S T E M S A W K A Y C
G A P M P Y O O I I T E R X V P N S I W T N J
N K A D Y V P N C S M O Q G K C Y A R U D W L
A I S P N V X D S B N W F K E H R B W T V K L
```

| | | |
|---|---|---|
| CORONAS | IONIZATION | COMMAND |
| WANDERER | ASTROPHYSICS | OPERATION |
| TSUNAMI | POLAR | HYUGENS |
| MINERAL | INFLATION | TRAILS |
| MASSIVE | GUIDANCE | SYSTEMS |
| HISTORY | EXPLORE | TEMPERATURE |
| MARINERIS | GANYMEDE | SPECTROSCOPY |
| BASALT | PATHWAYS | NORTH |

# Puzzle # 69

```
B M K W D Q Q U F A E D I X O I D N O B R A C
O G Y A A K O Z D R D A O P H S Y H Q B I P N
E V J S E N O T S E L I M V E Z P L P Z W B J
S O U X E J I X C M W P R I K X L F M P N O O
I F R J J K P N I F A K Y R I N I S S A C N N U
E D N X S D T J N C L A R P L A S M A T I C R
K P E R I H E L I O N H T I N E Z M Q S P D N
S K S I D S R S Z I N U J T D N W C E C K O E
V A F K I K N I B V E E M E E J C R N I H K Y
N N I F B C A N X E X S M W A U E G P T N V S
S R U R L O T G U C O R T O X C V O L U M E M
T P B Q N R I U Y R I O H R N M Q S K A V G V
R B E M R D O L Z O N L A D S E I I V N J R V
R S S C T Q N A A F O D E K K Y H K T O H A Q
X C A K I Z A R Z G I J H X O Y B P Q R N I H
E C Z P V E L I Y A Z R C O N J U N C T I O N
F G G M Q C S T N S T G D M V F I L A S K R H
K U E S Z Y V Y S P H E R I C A L S D A F W K
```

| | | |
|---|---|---|
| ZENITH | NEWTON | RADIAN |
| BINARIES | MILESTONE | ASTRONAUTICS |
| CAMERA | CERES | ROCKS |
| INTERNATIONAL | CARBONDIOXIDE | CONJUNCTION |
| PERIHELION | VOLUME | JOURNEYS |
| DISKS | SPHERICAL | PLASMATIC |
| CASSINI | PHENOMENON | SATNAV |
| G-FORCE | SPECIES | SINGULARITY |

# Puzzle # 70

```
D M S X L U E S N T F R M A N N E D E V R C D
X D N C V S R P X N N E E M N H I R N W W O E
I C R U X U R N H R E O F V Q J A B U H A M S
J E V F I Y F A T Y H X J V O Z E N I T H M O
F A I I S M M P E L T N A M G C I Q I E P U L
I K T X T E P Z H Y O C M G N J S N F N H N A
R M X A T P E A I N O M M A E V G I K H O I T
J I X H D T X R C L U T L R R B L U D Y T C I
M Y X E L V U N G T Q N W M A R T L U S O A O
V Q T A A R M A T E S I T E L E C A S T G T N
M M S H C A P T J S D O Q J H F B L C R R I V
L A X O R L U I R H Z P A L T L X Q C Q A O W
B T H S F U E T Z P U N I C I O X P T F P N U
U X K T M G S S B M M I M A N N E T N A H Q H
D M A H Q I I T D U J P M Q L D F I M D S C K
R N R C S S W K E I M P R S S V A S T N E S S
I M F Q H H G G K R C K H H Y Q G Y F X K C Z
S P I R A L T L J T C A L L I S T O H O T Y V
```

| ANTENNA | SPIRAL | TRIUMPHS |
| --- | --- | --- |
| TELECAST | DISCOVER | TITAN |
| DESOLATION | THRUSTER | DEGREES |
| AMMONIA | BASALT | PINPOINT |
| ZENITH | LIFE | MANNED |
| DATA | YEARS | COMMUNICATION |
| PHOTOGRAPHS | MANTLE | CALLISTO |
| IMPACTS | ULTRA | VASTNESS |

# Puzzle # 71

```
N R T Y C Q A S G J S N O I S S I M S N A R T
F W V D H K G N E N O I T A G I T S E V N I H
V L T F D O I T K A T S S C I N O I V A I P G
J T T G Z R S S M T I R O P E S I V E L E T I
T N J V A T A G F M H E A B O Z R J F O W V N
N U H P R P E T S O D T Q X L I F S W G M F E
J V E E S V N H C S X E A U F W I L J S U Q R
K R A O R C X B Y P N M H E A L V C I A C D Z
P M T U X F D L Z H N O R H D R U X I G X Z T
S F Q R B M S U S E U R C H K H K K K R H E B
U B W O O V P E T R M T R W W J I S A Q P T H
S Q M I B Q H G R E Y C S P A C E F A R E R S
S P M E A S U R I N G E S T E N A L P O X E Q
V W H O I D Z E N D S P C L U M I N O S I T Y
H B K O E R J E G B F S Y R E V O C S I D J Q
W K U G E T U N S R L A N D E R S C R B S S T
K P P W F B U Y Q D S T I S N A R T T W G P Y
J O X N G K E D S A K O Y J B F L L Y L Z I W
```

| | | |
|---|---|---|
| ATMOSPHERE | QUARKS | AVIONICS |
| YURI | TELEVISE | INVESTIGATION |
| TRANSMISSIONS | LANDERS | EXOPLANETS |
| NIGHT | BLUE-GREEN | STRINGS |
| LUMINOSITY | JETSTREAMS | FLIGHT |
| STEP | SPECTROMETERS | DISCOVERY |
| MEASURING | SPACEFARERS | TRANSITS |
| PHOEBE | DEATH | PREPARING |

# Puzzle # 72

```
L U I E H P F X Z S E E E I K C F E S V H P A
K F B Y V S K R E H Y V G X Q T P W M O D C E
B D O M D L K D T A Q C D G O G R D A D L K I
M G T J I O I E O P A I E O T P Y I Z X C A Z
T E B N G T T R E V C I L K O B L V U R I F R
G A X J U S O J Y C O K W B L F G A E M S N D
D G A N T E N N A J Z J O U I F M G N B P F G
N M W D N F R R R N I M N X K S A B S E E H A
P R N P S E B J O Q R Y K O K E Y G U M T P S
R W O L V O R L B H P E S M A L L S T E P H R
F C I N N U A U O A F J H X T U B K T C I A A
K S T W F M U C T S P E C T R A L L H E Z S D
B R P W E T T S Z P M D I O R E T S A B M E A
C Q U L P F O V M D A V S E G O A U P D W S R
S D R G D G N I I W I C F A W X N G M J L S R
K Z E M N Y O P R O G R A M M I N G O J U Y E
G E M O A B M P I N P O I N T P S I U U I O H
P L H Y L R Y W P C X S W F P I P W N K R B B
```

| | | |
|---|---|---|
| ANTENNA | FEW | CARBON |
| SOLAR | TRIUMPHS | PROGRAMMING |
| AGE | KNOWLEDGE | EXOPLANET |
| CAPTURE | TIDES | ROBOT |
| WAXING | ERUPTION | ASTEROID |
| KILO | SMALLSTEP | SYSTEMS |
| SPECTRAL | NORTHERN | RADAR |
| PHASES | PINPOINT | AUTONOMY |

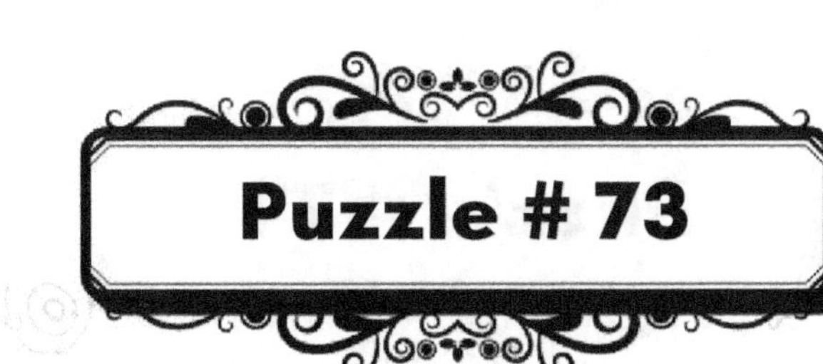

# Puzzle # 73

```
O T H W F W F Q D X X C L F X N H L I G H Q C
O E W E V R T E L E S C O P E S A K N A M U H
T R X G A Y W F O W Z C G V F M E A P L A S U
H R L M F D J L Y A L R J W G J A R E O Z T J
Q A E P H O T O G R A P H S W O D A H S N I J
C I L B D Y O G T V E I P L M B U M T A P W N
K N D E E P S K Y V V W Y Z C D I K W I A I D C
Z C C R W H H A A L F Y O O Q Y O D Q J B F H
U U U I Y G M P C A Y U F V W U A Z L M F J O
Y D N E M O O K I L R I C K J R E P S R A V N
V D O J E R D W E F T H G F C I L L A T E M D
S F J C A Z T O E L E E N O D E S R W G S W T R
P H O T O N S F J M M L N X C S D V E F N V I
B Z I K C H F C I Y M Z F I E Z J S O V E T T
K O B T T Y B S J Z Y S Q Y C N S K A S N A E
N U E L C D T Y O I S X E Q U A T O R I A L S
O W E E M R E J O R E Z E J G M I R A N D A G
N C U B Y M M O N S B C X C A S S I N I B C O
```

| | | |
|---|---|---|
| PHOTONS | NODES | SYMMETRY |
| TERRAIN | CHEMISTRY | TELESCOPES |
| MONS | METALLIC | MIRANDA |
| BELT | SHADOW | DEEPSKY |
| DWARF | RADIANT | HUMAN |
| CASSINI | PHOTOGRAPHS | GASSES |
| JEZERO | EQUATORIAL | WINDS |
| CHONDRITES | EVAPORATION | FRAME |

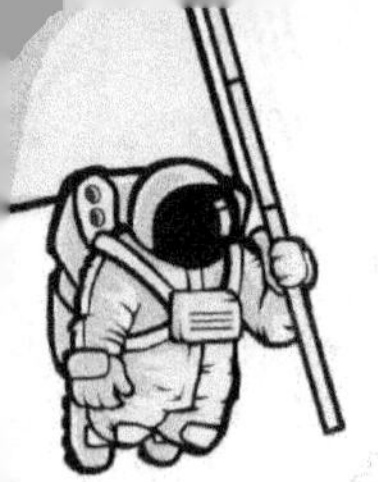

# Puzzle # 74

```
P L E V L U I K E L V I N M L T C E L F E R I
T R A Y R U C R E M C P L M L B N M V G M M L
P W Z R I F S G M Y X C Z P J K N L T E N O S
A V P O I E K N J Z Q B J O H I D O T R Z O M
L C F Z L P S N O Z I R O H J W P A A C A R C
B X Q G T Y S L C F Q Z H A O V L N W G W I X
N O N S H F A Y V O N U J L N Y U H L M B N L
S A Z H M V G X H S K Q P B E L C N L P R G X
Q F Z D E M J B K P T X G E K R M N O P E E G
H G I N Q F O C U S A I D D A M X Y N N E R G
W B D F E A T U R E S R R O S F N Y G B E E P
Z A S L A C I M E H C J G Y N X T J I R I T E
R F B S P X J I J R I P Q O C V O R T E X Z Z
M R C H A S T R O N A U T S E X O F U Z O Q U
I A C A T E L E C O N T R O L G F F D X J J P
G M R P V S T W Y G I Y M K J P W Z E Z X W A
E E E R U D J T M S D K A H S I Z E G S F Y H
W B B G L S F G F Z N I K C Z B P K D L O E N
```

| | | |
|---|---|---|
| SPIRAL | MOORING | HORIZONS |
| ANGLES | REFLECT | ASTRONAUTS |
| TELECONTROL | JUNO | MERCURY |
| CNSA | LONGITUDE | SHAP |
| LUNAR | KELVIN | LAVENDAR |
| VORTEX | BEEP | GEOGRAPHY |
| FEATURES | CHEMICALS | FOCUS |
| ALBEDO | METAL | FRAME |

# Puzzle # 75

```
L C Q G X U T S E Q B X H Q S F X X B H L X K
N S Y I G Z E C C R I C M T L M R N Q D V L H
L T N S V W C H E N D U I Y J S O M C E D H C
Y A D T L H R A Y J S E B Y A A V O N O D Q D
B B T O C I O P Z Z O Y Z T K U P Q R R V L Q
T I Z R W A F I Q K K R S I A N T K J I T M Z
I L S M J E G E F H Y J P N T M F O D W N N H
L I M N E E R G E U L B C I P N H Y N Y C G B
Z Z N G N F F T J T P E I F P G A X K O Q H Z
L E G L A M G A S S E S L N A M N U N S M S D
M R N L X K O A V C V L E I Z U L D Q V T Y Y
M S C X F U I P X Y W Z R M B I U V M E A M A
D O N O T W E N O P T I C A L C A R L W Z E O
N N I N L M Q M L A R R Y N T P I G Z O V S H
F A N P O A S T N A I G K I C Z N N G I K T N
U E T N A T S I D H U G N Q Y I A F Z B R M M
F C M Y L Z W X E U U G P L R D V O C A P U H
C O B D S F V B J P U M F L D C U Y E D O N K
```

| NEWTON | MOORING | LIFE |
| PROJECT | CONDUCTING | OCEAN |
| FALCON | STABILIZERS | EARTH |
| BLUE-GREEN | RELIC | LARRY |
| OPTICAL | INFINITY | QUANTIZED |
| FLYBY | STORM | DISTANT |
| G-FORCE | GASSES | RINGLETS |
| GIANTS | AUTONOMY | SKY |

# Puzzle # 76

```
L F S Z S J D A N U N O G A R D M K Y P F U J
K C U S Q Y V N O H J I P E H A U B P Y B G X
Q W L S C I N L I X O F W W A M L Q T R S D L
X P W D O V K K T O B D T U A Z T O Y X T O Q
C E E N M B Y N U C N L O G N E I O I I M M D
R A I N M A B O L H Z K E U M V P K W I C T G
A C D B U D B I O H T L R P N Y L A I Y V N B
S S N U N Y K S V I L M E A K G E X G O I P U
E D U H I N C N E A S R Q D L M T O F T H K F
B I K D C A B E N M A R C L Y U X A S L B K X
A E V V A M U T O T L H C Y G W G E I S V W J
R S H Y T I O C U O T H G I L F T E Y H A H O
O R D V I C T R W R S E I T I T N E R M I I P
M E F X O S E G H E Q Q U M B R I E L R G T T
E P F R N S A Y U H Q M A G N I T U D E I E I
T M R O F M V C N O I T A B R U T R E P D L C
E W F D M Z H C R Y L J D C X R Z A S Y Z W A
R B Z A F R T L E B L P S I E X H V D O H Q L
```

| | | |
|---|---|---|
| GAMMA | ENTITIES | MAGNITUDE |
| FLIGHT | HERO | EVOLUTION |
| TEMPERATURES | MAGELLAN | UMBRIEL |
| PERSEIDS | MULTIPLE | IRREGULAR |
| OPTICAL | BAROMETER | AVIONICS |
| DYNAMICS | TESTING | COMMUNICATION |
| DRAGON | TENSION | BELT |
| PERTURBATION | WHITE | FORM |

# Puzzle # 77

```
Q W F F O S P E C T R O M E T E R Z V H E N D
H Z Y U Y W D G K W S A L N R K I T O T C D H
Z J K J J E X P L O R A T I O N S V I T T A I
C E Y D S I H S K K Z K M S W E K L Q E E R J
N V F E W F H F G E Y O P P K D L D J Y N K H
S C T H F E L O H K C A L B L E K S R Y T I O
R U P C E A A T F M F Y C W T E N E X S A X D
P I D U L A R T C E P S A A V A S R H C N S G
Y C O L O R I Y H W R N S W I D D U D O G P N
R H X S N R C T A E O V F C Q X L T W L L H I
O L V J Y B Y L F H R K I E B B N A D L E E P
T I S K H E I I F I P N G R I B U R V E M R O
A Z E F G B O P Y V H L F O J W B E L C E I L
R W E M C C Q D P C U Z A C C K Y P L T N C E
O F Q W I W R B E B M Q D K E Z M M Y I T A V
B F N N N O I T A T S E R O F E D E B O K L E
A C W Y L L A C I T P O L A W G Y T E N R J D
L F C V D T R A N S F O R M A T I O N S D J I
```

| | | |
|---|---|---|
| SATELLITE | BLACKHOLE | DARK |
| SPHERICAL | SAMPLES | SPECTRAL |
| ROCK | TECHNICIAN | ENTANGLEMENT |
| SETUP | DEFORESTATION | SPECTROMETER |
| ALPHA | LABORATORY | OPTICALLY |
| FLYBY | EXPLORATIONS | COLOR |
| COLLECTIONS | TEMPERATURES | TRANSFORMATION |
| WEATHER | BULGE | DEVELOPING |

# Puzzle # 78

```
Y W C M F Z Y N F H A G N O N E M O N E H P H
C Q I R Y B L E B C Z V N O U P A B Y M J C L
B I F W J O W B P R R R O I R E T N I O P F C
Y F I Z O E I U M A T H N T T B W I O P U S X
V O T N S Q W L U E Z Y O T Z T F H D B T M U
S M N U R S Q A O S P R I N M X I P A Q E U S
I A E S R E V O R E M O T A O U Z M E R S V A
X M I M B L H A P R Y T A T A J Y R S V Y O S
W B C P X B C T L L X A C S Y S R Z B N B Z N
H N S R M E X V R E W V I I M Y E I M I A G O
E L A E R E D I S O O R N D I C V P N W Y R I
E P Q Y Z T L K R N N E U Y L X O X B G G Y T
L E I R B M U M L I B S M T E M C Z H J A C A
H O E U Z A H B I D T B M J S I S Y T M O Z M
J B B C I O N C F S S O O P T G I V I O A L R
P T P S L P U R E A M E C Z O T D K N Q P O O
Y P R E H T G N E L E V A W N Y R R E L X B F
M Z O Y X Z K Z P E Q T G X E U H I Z P W C P
```

| | | |
|---|---|---|
| NEBULA | ZENITH | WAVELENGTH |
| RESEARCH | ROVERS | TRANSMITTING |
| DISCOVERY | FORMATIONS | SETUP |
| INTERIOR | LEONIDS | WORMHOLE |
| OBSERVATORY | LIFE | MILESTONE |
| SIXWHEEL | SCIENTIFIC | COMMUNICATION |
| NORTHERN | PHENOMENON | DISTANT |
| UMBRIEL | SIDEREAL | RING |

## Puzzle # 79

```
D M D A H G N X B T T I D A L N X H R R C V D
B O E O T O U M Z L U S R X R J I B O U M J N
K Y P S Z N X W A G I J B O U Z E R G B Y S O
V I Z I E G P C O N A S K K W S X F D A T H T
D Y R L B H O W S D Y R F G P S E X W L X N P
C O A W Y F G I Q I A O N U F R A E N C A A C
H N L D J Q G E I S B E R K L C C G I N R Z L
K S R O N H P K R K C T X H V L V P R A O S U
U A N L T X H O O S I E M W Z O O V L V M G S
C Z X Q T R Q V L Q E M Q N K C Q L D O E V T
E N T I X A L O B A R A P X S Q A E Y Z C Q E
L U X S E M O I B W R P Z E L X O V W U H I R
U M X E Y X C Y W H H U L D E S J I D A A B S
C B N J E I S S T B S E Y B N E B S O V N V Q
E R R E L L I P S E T P W G A Y A J X E I V Y
L I H P A R G O T O H P O N P L Y N I N C Q Z
O E E L E W J C O L O N I Z A T I O N A A V C
M L G B N O G A R D P X N S M L E G K E L Z V
```

| | | |
|---|---|---|
| HORIZON | MOLECULE | ELLIPSE |
| PARABOLA | PHOTOGRAPH | FOCAL |
| DRAGON | POLAR | PANELS |
| TIDAL | FULL | MECHANICAL |
| PARALLAX | CLUSTERS | DISKS |
| ALDRIN | TELESCOPIC | BIOMES |
| INSIGHT | UMBRIEL | HYDRA |
| METEORS | WAY | COLONIZATION |

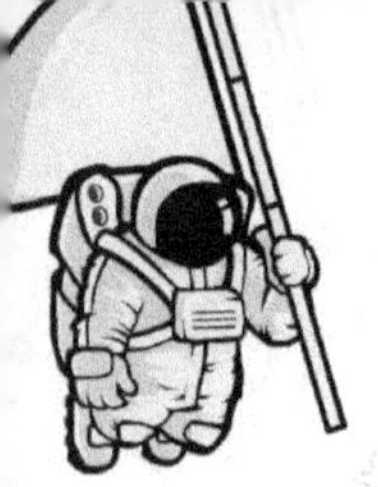

# Puzzle # 80

```
N Y C B E E P I N G O E L P G O J B F W L F K
A X Y F G Q C G B X Y R O T A V R E S B O A V
Z A M I X O R P I L E E H W X I S N I B C L Z
J D E N N A M D Y F T E H O F W S R N R R G H
S E R U T A E F A D I Y M E L B B U H Y S E L
R B E P P V S F I Y D T W C G F H T J Z K Y E
K S J J P I S M E R T Q M H N O O M W E N E X
N N R A Z S Q D O M J P L A C I G O L O E G P
Y V E A V I W G P C Z I G A Z R U A X G B T L
O S S I G O E P X T R P S V A N T A S J E J O
H Y E M A N D T E C H N I C I A N L O L K R R
R H L I D S Y N E X P L O R E N Z Y E M O Z E
F T C Z S X L R V G R F G G E G W S A S Q B R
T E I Z V G G P O F D R A G O N C O P T K U S
T T T Q Z G C P N E K R J B F O W T O I D L M
B H R U W Y E N S T H Y J M P I R K L M Y P H
Z B A Q J I Z R S T Y T N E Y M U C L R D Z W
S U P M A R S S E L P I C N I R P T O J W O A
```

| | | |
|---|---|---|
| PARTICLES | TELESCOPE | BEEPING |
| MANNED | EXPLORERS | SIXWHEEL |
| EXPLORE | TECHNICIAN | THEORY |
| SATNAV | OXIDE | NEW-MOON |
| OBSERVATORY | HYDROGEN | APOLLO |
| HUBBLE | MARS | FEATURES |
| VISIONS | GEOLOGICAL | PRINCIPLES |
| DRAGON | TETHYS | PROXIMA |

# Puzzle # 1

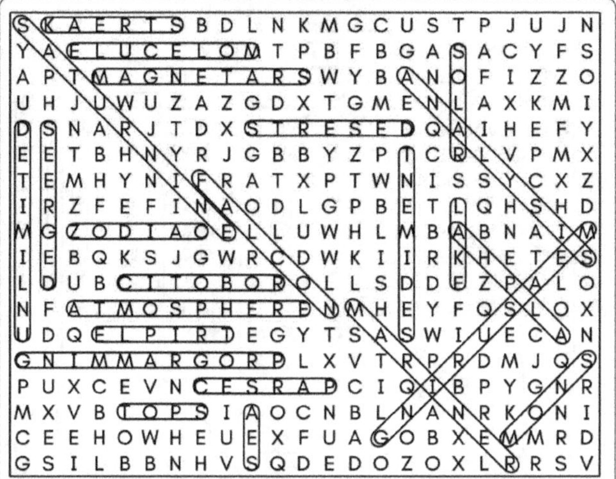

| | | |
|---|---|---|
| ATMOSPHERE | ZODIAC | PARSEC |
| MAGNETARS | PROGRAMMING | SATURNINE |
| FALCON | DEGREES | LAKE |
| SEDIMENT | SPOT | ROBOTIC |
| ALPHA | MOLECULE | UNLIMITED |
| SOLAR | ANALYSIS | MEASURING |
| MARINER | DESERTS | SEA |
| MONS | STREAK | TRIPLE |

# Puzzle # 2

| | | |
|---|---|---|
| GAMMA | LAUNCHED | SIXWHEEL |
| HISTORY | EXPLORE | DENSELY |
| NAVIGATION | BOOSTERS | AKATSUKI |
| LAYERS | HIGHLANDS | SITE |
| CORONA | URANUS | PIONEERING |
| PLUTO | ACCELERATION | CONTAMINATIONS |
| DISTANT | SULFURIC | SPIN |
| PERTURBATION | BETELGEUSE | TRIPLE |

# Puzzle # 3

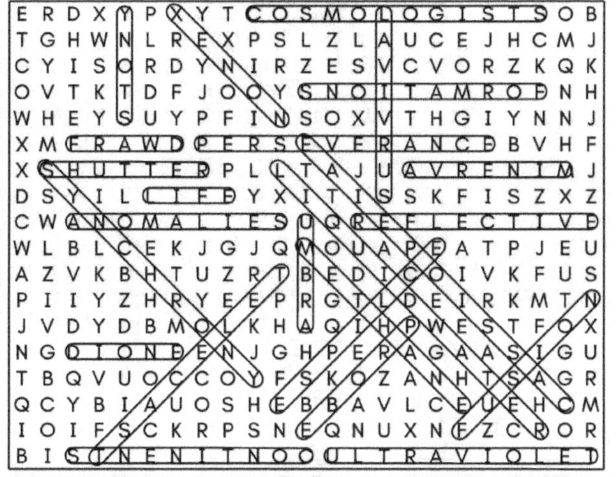

| | | |
|---|---|---|
| ECLIPSE | FUSION | LIFE |
| TELECAST | SHUTTER | FORMATIONS |
| COSMOLOGISTS | CONTINENTS | LIQUIDWATER |
| STONY | SYNCHRONY | ANOMALIES |
| ULTRAVIOLET | DWARF | XENON |
| PERSEVERANCE | MINERVA | PROBE |
| SURVIVAL | METHANE | DIONE |
| REFLECTIVE | UMBRA | CASSIOPEIAE |

# Puzzle # 4

| | | |
|---|---|---|
| SPIRAL | LAUNCHED | HUMAN |
| ENVIRONMENT | PIONEERING | SIMULATIONS |
| OPERATIONS | OXIDE | COMPLEX |
| GREAT | LOCAL | COORDINATES |
| GALACTIC | APOLLO | LAUNCHPAD |
| FLYBY | LENS | HABITATION |
| LAKE | AMMONIA | INTERIOR |
| MULTIPLE | BULGE | SPACE-TIME |

## Puzzle # 5

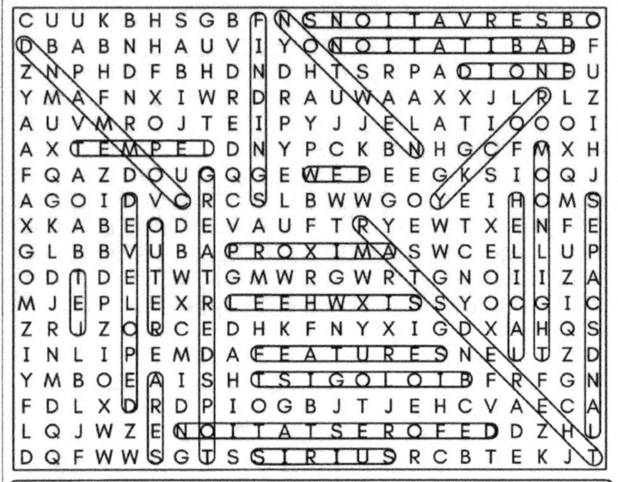

| | | |
|---|---|---|
| NEWTON | HELICAL | COMMAND |
| LANDSCAPES | OBSERVATIONS | FEATURES |
| HABITATION | DEFORESTATION | GREATREDSPOT |
| ROCKY | SIRIUS | MOONLIGHT |
| FEW | JET | SIXWHEEL |
| FINDINGS | OUTER | BIOLOGIST |
| ARES | THEREDSTAR | DIONE |
| TEMPEL | PROXIMA | DEVELOPED |

## Puzzle # 6

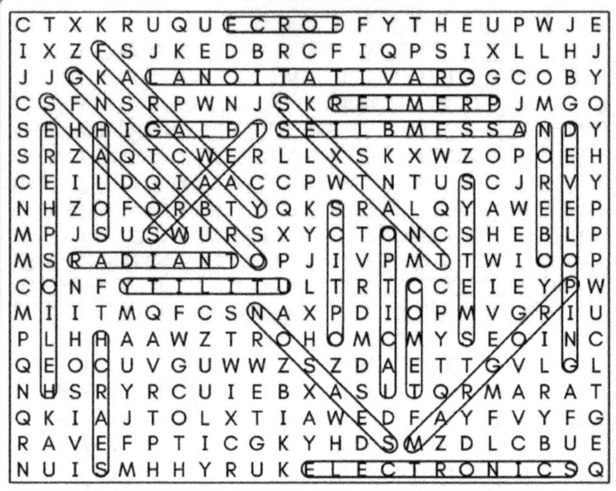

| | | |
|---|---|---|
| COMET | ORBITING | FORCE |
| HELIOSPHERE | PREMIER | FLAG |
| GRAVITATIONAL | SEARCH | OBERON |
| HALOS | SEXTANT | UTILITY |
| OPTICAL | OPTICS | RADIANT |
| PROGRAM | ELECTRONICS | SYSTEMS |
| FARAWAY | SEASON | SHADOW |
| DEVELOPING | ASSEMBLIES | TEARS |

## Puzzle # 7

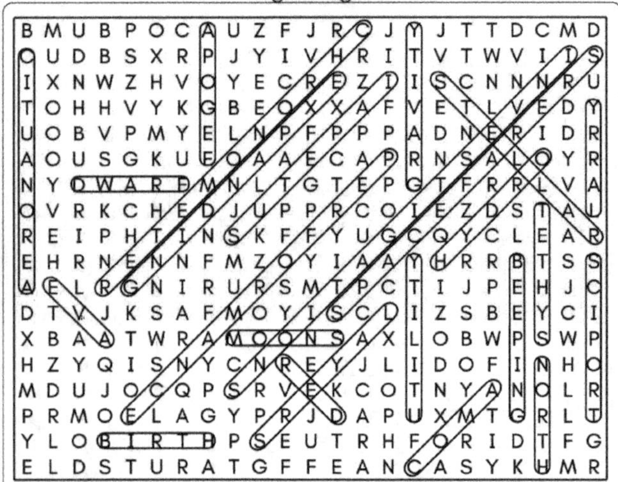

| | | |
|---|---|---|
| GRAVITY | DWARF | HYDRO |
| MOONS | RED | SPACEFARERS |
| CHRONOMETER | IAPETUS | APOGEE |
| EXPANDING | UTILITY | LARRY |
| STELLAR | COMA | BEEPING |
| PERFORMANCE | INVESTIGATIONS | TROPICS |
| TETHYS | LAYERS | BIRTH |
| AERONAUTIC | EVA | NORTH |

## Puzzle # 8

| | | |
|---|---|---|
| LIGHT | MAGNETAR | GASES |
| SPEEDS | STEP | DOCKING |
| ACID | SYSTEM | TOPOGRAPHY |
| WEATHER | VALLEYS | EXPOSES |
| FILAMENT | ZOMBIE | PAYLOAD |
| TRIUMPHS | BOOTS | TECHNIQUES |
| VAST | DRAGON | WRINKLE |
| GASSES | BULGE | PATTERN |

## Puzzle # 9

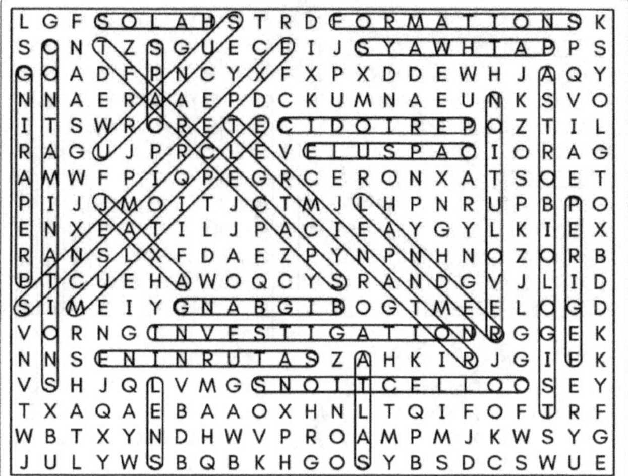

| | | |
|---|---|---|
| BIGBANG | REVOLUTION | SPACECRAFT |
| LENS | COLLECTIONS | FORMATIONS |
| EXPERIMENTS | ATLAS | LANDER |
| PERIGEE | TERMINATOR | PREPARING |
| PERIODIC | CAPSULE | URANUS |
| SATURNINE | INVESTIGATION | ASTROBIOLOGIST |
| CONTAMINATIONS | JAXA | CAPS |
| MULTIPLE | HALOS | PATHWAYS |

## Puzzle # 10

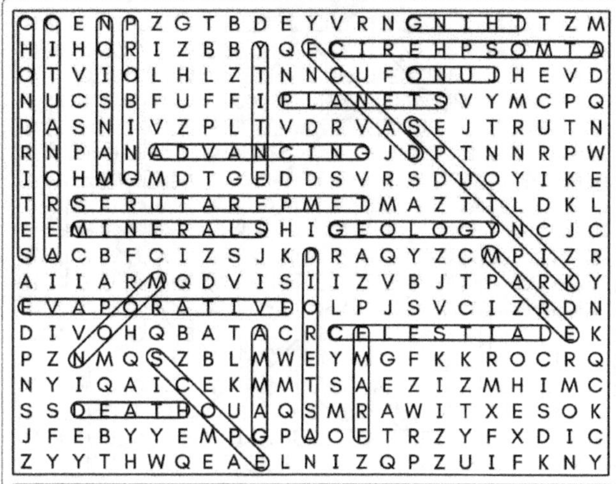

| | | |
|---|---|---|
| PLANETS | GAMMA | MANSION |
| ENTITY | MARE | GEOLOGY |
| TEMPERATURES | SCOPE | CHONDRITES |
| EVAPORATIVE | DEATH | ADVANCING |
| CELESTIAL | THING | ASTEROID |
| SPUTNIK | MOON | JUNO |
| PROBING | ATMOSPHERIC | MINERALS |
| DANCE | AERONAUTIC | FRAME |

## Puzzle # 11

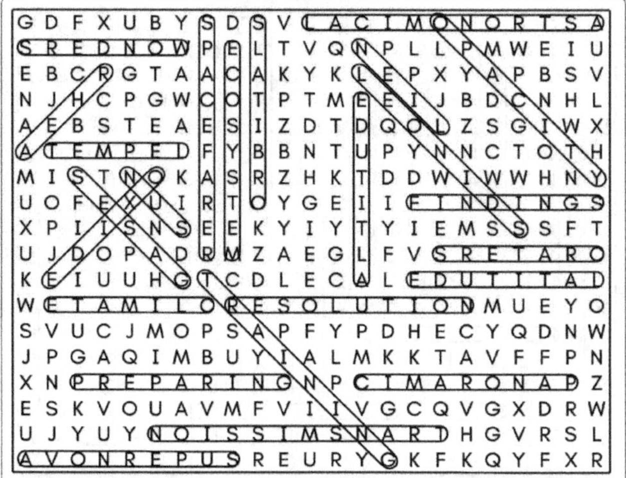

| | | |
|---|---|---|
| SUPERNOVA | OPACITY | SPACEFARER |
| TRANSMISSION | RESOLUTION | PANORAMIC |
| SUN | ECOSYSTEM | LATITUDE |
| RHEA | TEMPEL | TRAINING |
| GASES | ALTITUDE | NEIL |
| ASTRONOMICAL | FINDINGS | ORBITALS |
| CRATERS | CLIMATE | OXIDE |
| LEONIDS | PREPARING | WONDERS |

## Puzzle # 12

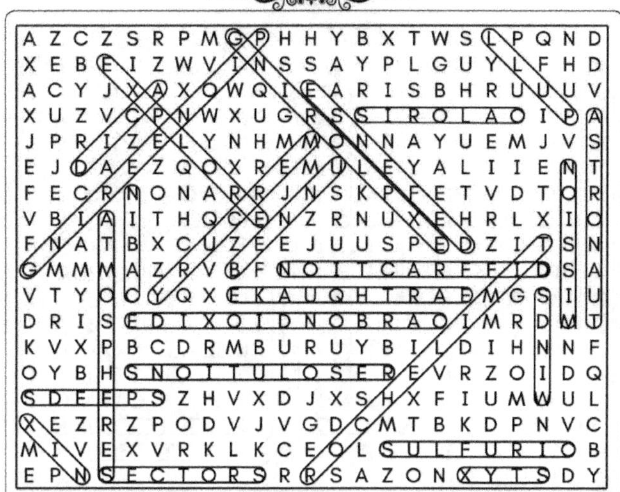

| | | |
|---|---|---|
| DIFFRACTION | ASTRONAUT | MISSION |
| ATMOSPHERES | EXPLORE | ACID |
| CALORIS | CARBONDIOXIDE | ROCHELIMIT |
| NIX | BENNU | PULL |
| EXPLORING | SPEEDS | CABIN |
| PIONEERING | MERCURY | RESOLUTIONS |
| SULFURIC | EARTHQUAKE | WINDS |
| STYX | DEFENSE | SECTORS |

## Puzzle # 13

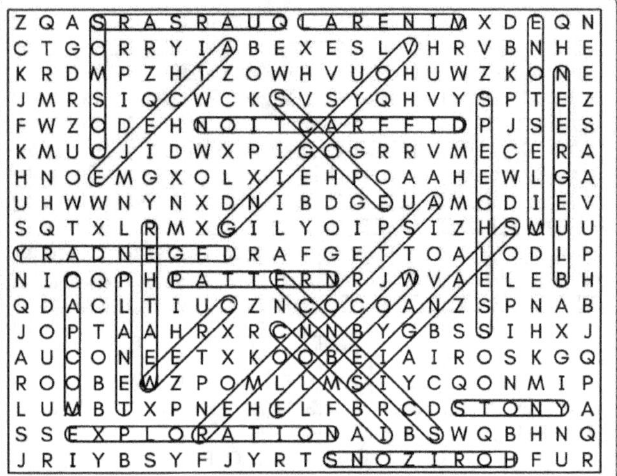

| COSMOS | HORIZONS | SIGNALS |
|---|---|---|
| LEGENDARY | SPEECHLESS | CREW |
| ASTRONOMER | SCOPE | BLUE-GREEN |
| MINERAL | WOBBLE | PATTERN |
| DIFFRACTION | SCIENCE | MILESTONE |
| EXPLORATION | CAPCOM | VOYAGING |
| PLANET | WEATHER | STONY |
| EJECTA | QUARSARS | COMBI |

## Puzzle # 14

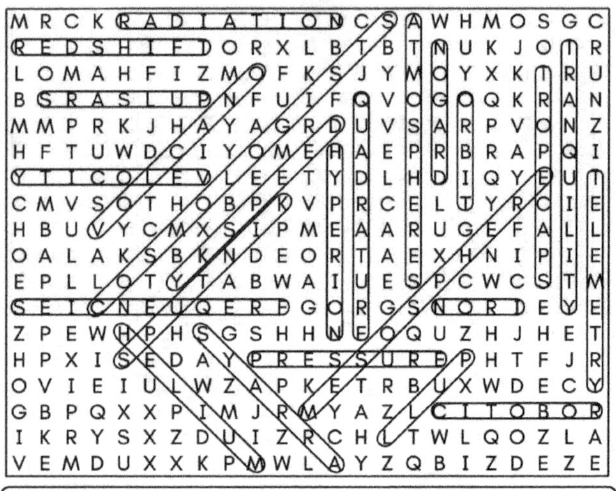

| ORBIT | REDSHIFT | PULSARS |
|---|---|---|
| MESOSPHERE | TELEMETRY | SPUTNIK |
| TRANQUILITY | PRESSURE | DRAGON |
| VOLCANO | PULL | ROBOTIC |
| RADIATION | HELIUM | VELOCITY |
| QUADRATURE | SPACEPORT | FREQUENCIES |
| ATMOSPHERES | COSMOLOGISTS | IRON |
| HYPERION | ARRAYS | DEEPSKY |

## Puzzle # 15

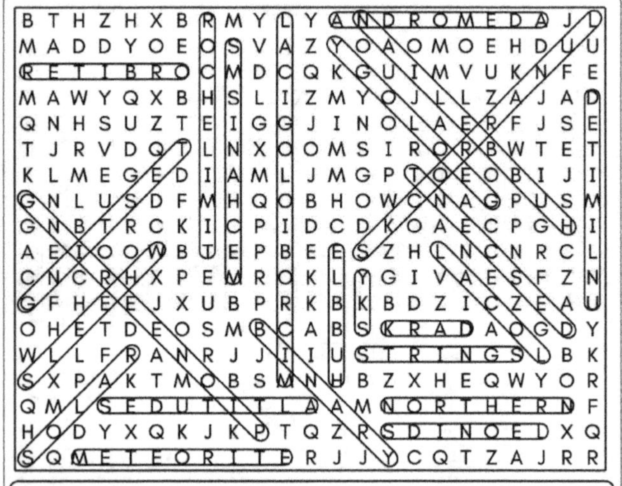

| BINARY | UNLIMITED | SOLAR |
|---|---|---|
| ORBITER | HUBBLE | TESTING |
| PIONEERING | WHEELS | MECHANISMS |
| ROCHELIMIT | LEONIDS | STRINGS |
| ANDROMEDA | DARK | ALTITUDES |
| LUNARROCKS | GEOLOGY | DESCENT |
| HUBBELIAN | NORTHERN | MICROBIOLOGICAL |
| METEORITE | LOCAL | SKY |

## Puzzle # 16

| STARBURST | QUASARS | PERIODIC |
|---|---|---|
| ROCKETS | SPEECHLESS | SATURN |
| PLASMATIC | STRUCTURE | DEVICES |
| PROGRAMS | SHOWER | FOLKLORE |
| NEWTON | STARLIGHT | REFLECT |
| BOOSTER | LAUNCHPAD | MODULES |
| AGE | FARAWAY | SEARCHING |
| INSIGHT | SITE | SUPERPOSITION |

# Puzzle # 17

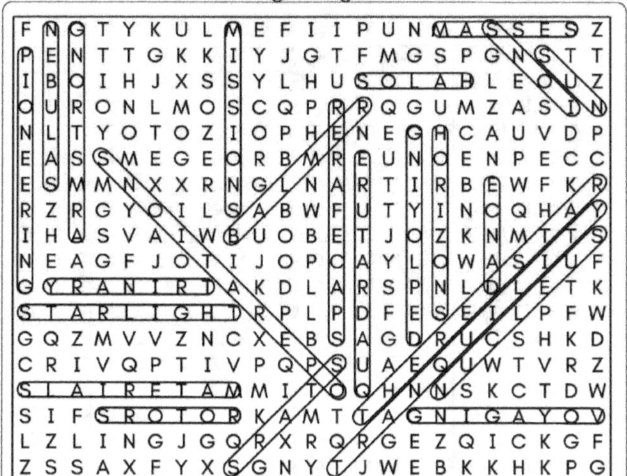

| BALMER | HORIZONS | MASSES |
| IONS | SPACEFARER | TRANQUILITY |
| ROTORS | STARS | SUN |
| NUCLEUS | THEREDSTAR | HALOS |
| STARLIGHT | TRINARY | QUADRATURE |
| MISSIONS | ARMSTRONG | VOYAGING |
| PIONEERING | NEBULAS | MATERIALS |
| OPERATIONS | DANCE | DEPLOYING |

# Puzzle # 18

| PLANETS | WARM | HELIOPHYSICS |
| BOOSTER | RINGS | FEATURES |
| CERES | MATERIALS | FORMATION |
| MARIA | UMBRA | SECTORS |
| X-RAY | NEUTRINO | FLARE |
| CONTROL | ROVERS | COLOR |
| HEAT | BIOSPHERE | PHOEBE |
| SILICON | ARRAYS | COLLAPSING |

# Puzzle # 19

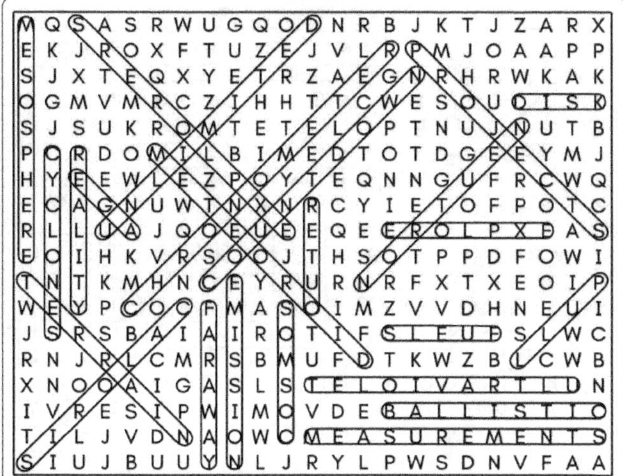

| COSMOS | NEUTRON | MESOSPHERE |
| FUELS | EXPLORERS | AGE |
| OUTER | MEASUREMENTS | METEOROID |
| BALLISTIC | CYCLONES | EMISSION |
| ULTRAVIOLET | UNLIMITED | COUNTDOWN |
| PROJECTS | TERRAIN | FARAWAY |
| EXPLORE | REALITY | CHRONOMETER |
| CALORIS | DISK | PULL |

# Puzzle # 20

| NEBULAE | PULSARS | IONIZE |
| OUTERSPACE | HERO | CONTROL |
| ELEMENTS | MANIPULATING | SLS |
| OXYGEN | TIDES | MULTIVERSE |
| QUASAR | COMPARISON | NAVY |
| UNION | MARE | SENSORS |
| VISIONS | TECHNICIAN | VENERA |
| POLES | LIBRATION | DEVELOPING |

## Puzzle # 21

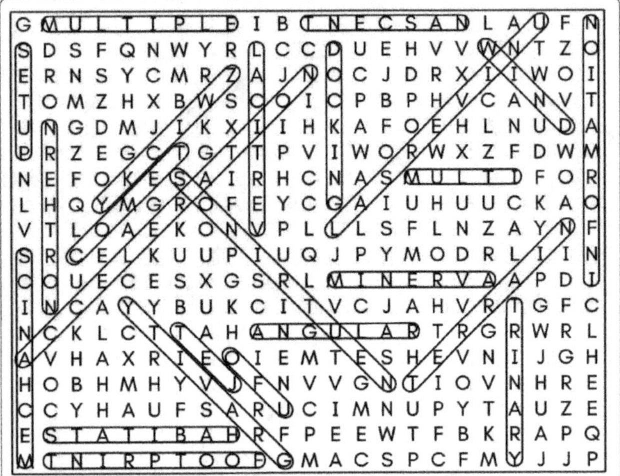

| | | |
|---|---|---|
| GRAVITY | ANGULAR | TRINARY |
| UNIVERSAL | FOOTPRINT | TERRAIN |
| NORTHERN | MINERVA | INFORMATION |
| SETUP | MULTIPLE | VERTICAL |
| COMET | JET | NEUTRINOS |
| UFO | DOCKING | WIND |
| ACCELERATION | MECHANICS | HABITATS |
| NASCENT | MULTI | ZWICKY |

## Puzzle # 22

| | | |
|---|---|---|
| TRAJECTORY | TWENTY | JOVIAN |
| SPLASHDOWN | GASEOUS | MINERVA |
| EARTHQUAKE | ROCHELIMIT | ECLIPSES |
| HALOS | PROPELS | ASTRA |
| JETS | QUASARS | ILLUMINATION |
| GEOGRAPHY | INVESTIGATION | OURSOLARSTORY |
| LAYERS | UMBRIEL | SIDE |
| BANG | TIDE | FORM |

## Puzzle # 23

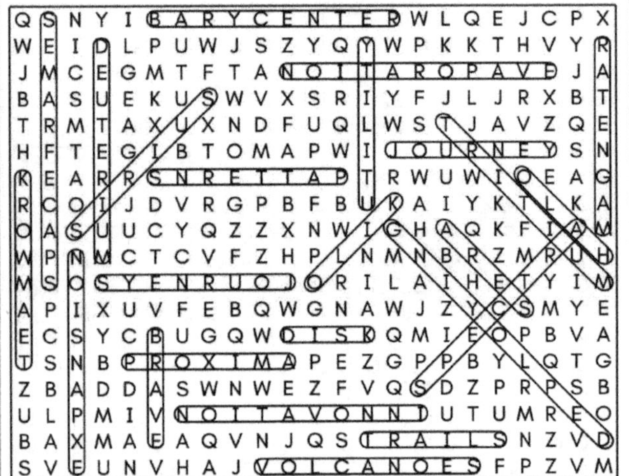

| | | |
|---|---|---|
| EXPANSION | HALO | JOURNEYS |
| KILO | TEAMWORK | VOLCANOES |
| INNOVATION | DISK | PATTERNS |
| PROXIMA | UTILITY | EVAPORATION |
| TRITIUM | MAGNETAR | DEUTERIUM |
| BRAVE | JOURNEY | SPACEFRAMES |
| ARES | BARYCENTER | SIRIUS |
| SPECTRA | DEPLOYING | TRAILS |

## Puzzle # 24

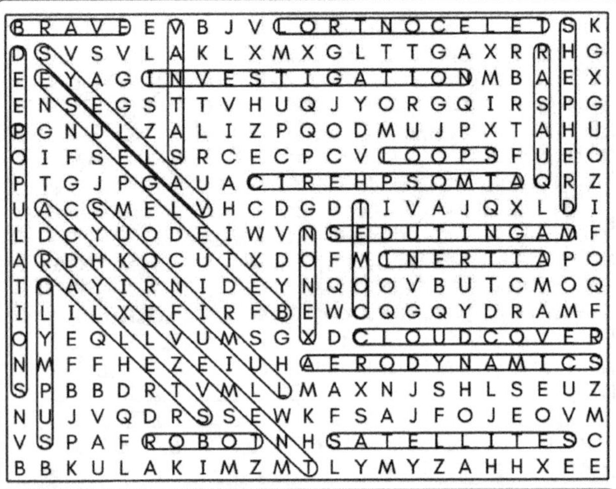

| | | |
|---|---|---|
| QUASAR | LUMINOUS | INVESTIGATION |
| VALLEYS | STELLAR | XENON |
| CLOUDCOVER | OLYMPUS | COMET |
| INERTIA | POPULATIONS | SHEPHERD |
| LOOPS | ACHIEVEMENT | ATMOSPHERIC |
| BETELGEUSE | DEEP | BRAVE |
| SATNAV | ROBOT | SATELLITES |
| TELECONTROL | AERODYNAMICS | MAGNITUDES |

## Puzzle # 25

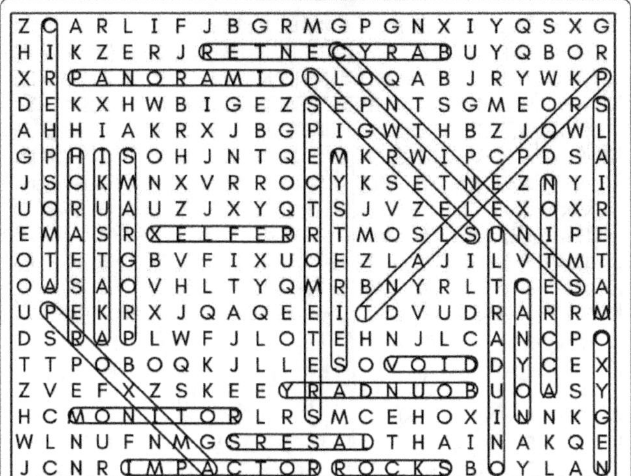

| | | | | |
| --- | --- | --- | --- | --- |
| VOID | LASERS | SPECTROMETERS |
| PANORAMIC | MATERIALS | ROCKS |
| ATMOSPHERIC | AKATSUKI | OXYGEN |
| IMPACTOR | PROXIMA | PROPELLANT |
| REFLEX | RESEARCH | BOUNDARY |
| MONITOR | PROGRAMS | ULTRADUINO |
| DEGREES | CONTINENTS | CANYON |
| BARYCENTER | MYSTERIES | ACCRETION |

## Puzzle # 26

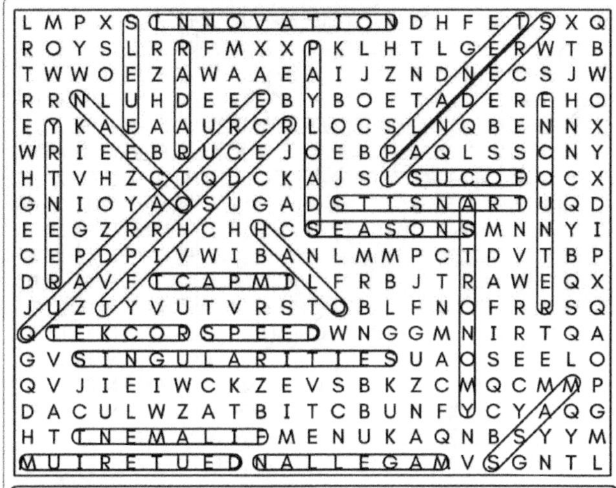

| | | |
| --- | --- | --- |
| ASTRONOMY | FILAMENT | DEUTERIUM |
| QUADRATURE | FUELS | SPEED |
| PLANET | FOCUS | IMPACT |
| LANDERS | TRANSITS | SEASONS |
| REDSHIFT | HALO | MASS |
| PAYLOADS | REENTRY | ROCKET |
| ENCOUNTER | RADAR | OCEAN |
| INNOVATION | MAGELLAN | SINGULARITIES |

## Puzzle # 27

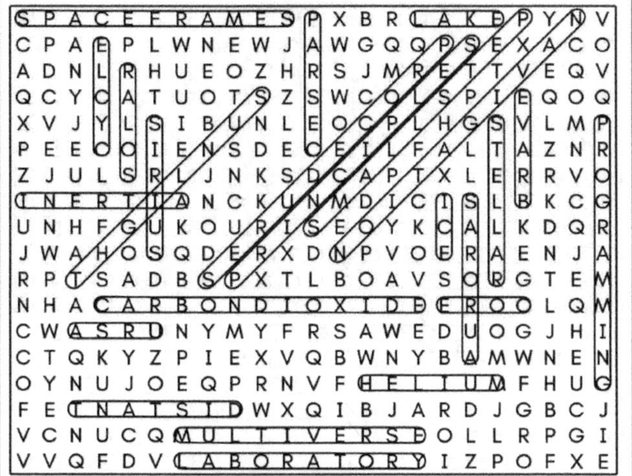

| | | |
| --- | --- | --- |
| STELLAR | PARSEC | SOLAR |
| BRAVE | PROGRAMMING | ICE |
| NAVIGATION | DISTANT | SUNLIGHT |
| LAKE | CYCLE | MULTIVERSE |
| HELIUM | LABORATORY | INERTIA |
| SMALLSTEP | PROCEDURES | PRINCIPLES |
| SPACEFRAMES | CORE | CARBONDIOXIDE |
| AURORAS | SIRIUS | URSA |

## Puzzle # 28

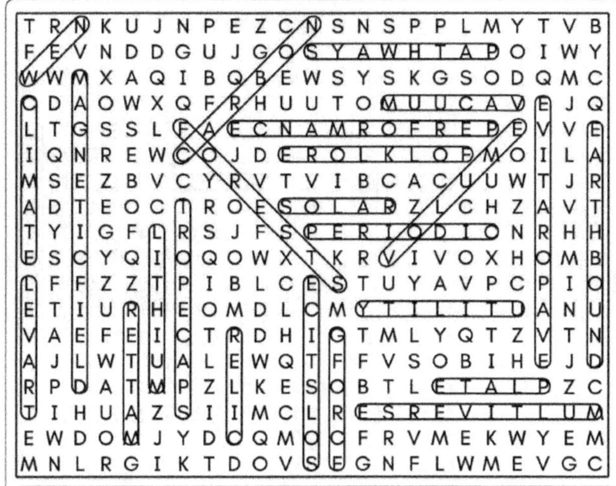

| | | |
| --- | --- | --- |
| SOLSTICE | VOLUME | PERIODIC |
| SOLAR | PERFORMANCE | TRAVEL |
| MAGNETICFIELD | CLIMATE | NEW |
| MATTER | RELIC | PATHWAYS |
| LITHIUM | CARBON | VACUUM |
| SPACEPORT | EARTHBOUND | G-FORCE |
| FORESTS | PLATE | EVAPORATIVE |
| MULTIVERSE | UTILITY | FOLKLORE |

## Puzzle # 29

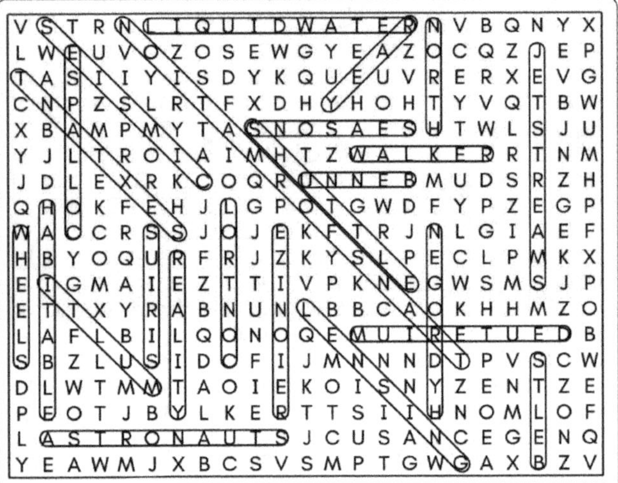

| | | |
|---|---|---|
| HYDROGEN | REIONIZE | JETSTREAMS |
| CONTROL | WHEELS | TRANSFORMATION |
| REALITY | SEASONS | BENNU |
| COLLAPSE | SEXTANT | LENSING |
| YEAR | DEUTERIUM | ASTRONAUTS |
| BELTS | HABITABLE | SEISMIC |
| SHUTTLE | LIQUIDWATER | SIRIUS |
| MULTI | WALKER | NORTH |

## Puzzle # 30

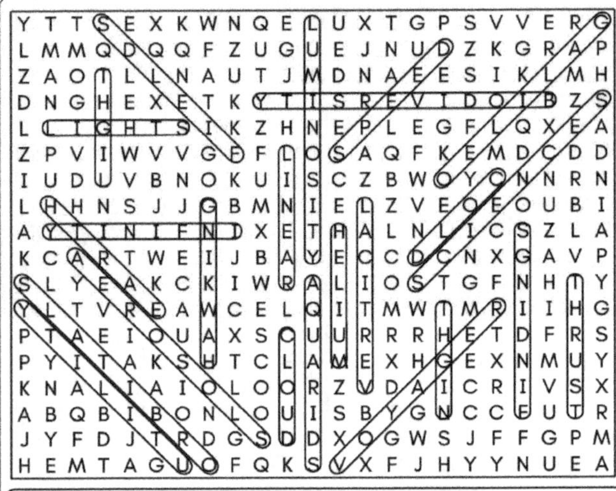

| | | |
|---|---|---|
| LIGHT | INFINITY | FIELDS |
| SPEED | FINDINGS | ORBITALS |
| LIGHTS | SCIENCES | NIGHT |
| COLD | AQUARIDS | VERTICAL |
| HELIUM | LUMINOSITY | THRUST |
| VOYAGER | CLOUD | AEROSOLS |
| BIODIVERSITY | LINEAR | EARTH |
| GALILEO | UTILITY | HAWKING |

## Puzzle # 31

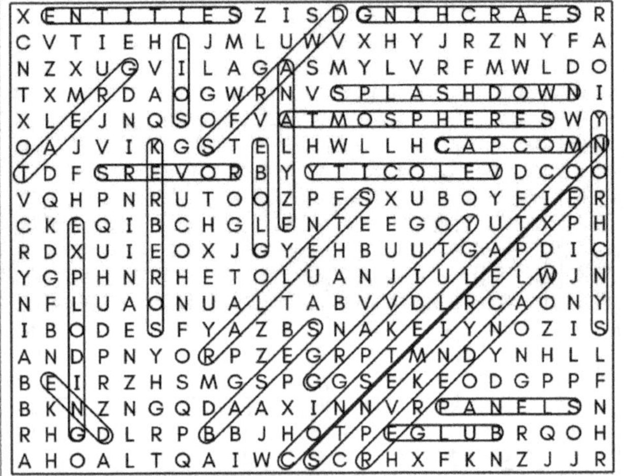

| | | |
|---|---|---|
| CONSTELLATION | STELLAR | VELOCITY |
| SPLASHDOWN | CAPCOM | SOIL |
| ROVERS | SEARCHING | DWARFS |
| PANELS | SYNCHRONY | BASES |
| GRAVITY | EXPLODING | ENTITIES |
| GLOBE | ATMOSPHERES | WANDERER |
| ANALYZE | EXPERIMENTS | GREAT |
| KERBEROS | BULGE | END |

## Puzzle # 32

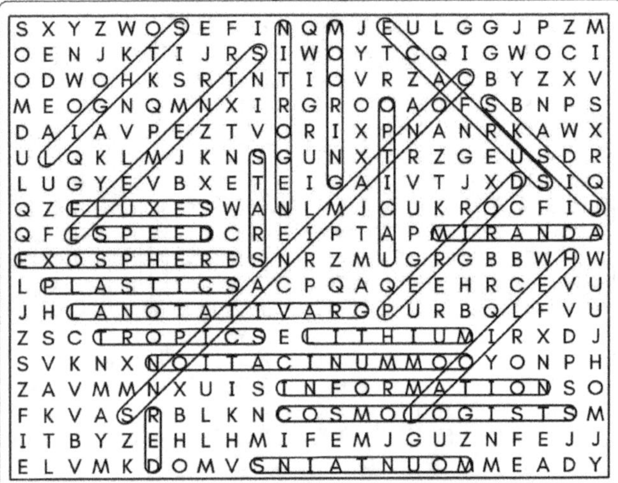

| | | |
|---|---|---|
| OPTICAL | HELICAL | DISKS |
| SPEED | ELEMENTS | COMMUNICATION |
| LIGHTS | CONTAMINATIONS | TROPICS |
| MOUNTAINS | PERIOD | GRAVITATONAL |
| LITHIUM | MOORING | FLUXES |
| SURFACE | STARS | RED |
| INFORMATION | COSMOLOGISTS | EXOSPHERE |
| NITROGEN | MIRANDA | PLASTICS |

| | | |
|---|---|---|
| WORMHOLES | TWENTY | BALMER |
| HALO | LAVENDAR | NODES |
| GALACTIC | ENDEAVOR | NIGHT |
| LATITUDE | THIRD | COLLAPSE |
| SUPERNOVA | ENERGY | INFINITE |
| MAGNETAR | VACUUM | VELOCITIES |
| SPACEWALK | STARS | VALLEYS |
| VALLES | GIANTS | SAGITTARIUS |



| | | |
|---|---|---|
| ASTEROIDS | DARK | REFRACTION |
| SMALLSTEP | SAMPLES | WIND |
| FOCUS | CLIFF | THEREDSTAR |
| NEW-MOON | SIDEREAL | DEATH |
| JUPITER | RADIANT | ELECTRONICS |
| CREW | KNOWLEDGE | ROCK |
| MIRRORS | RAIN | NUCLEAR |
| HARMONY | PROTOSTAR | OBJECTS |



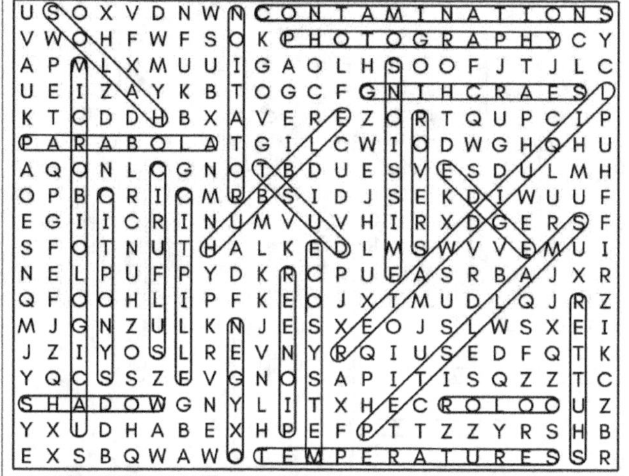

| | | |
|---|---|---|
| PARABOLA | SMALLSTEP | ROVERS |
| COLOR | TEMPERATURES | PHOTOGRAPHY |
| CONTAMINATIONS | SULFURIC | EMISSIONS |
| LIQUIDWATER | HALOS | ELLIPTIC |
| PIONEER | HUBBLE | SHUTTER |
| ROTATION | SEARCHING | ECOSYSTEM |
| MICROBIOLOGICALOXYGEN | | DUST |
| SHADOW | SYNOPTIC | EDGE |



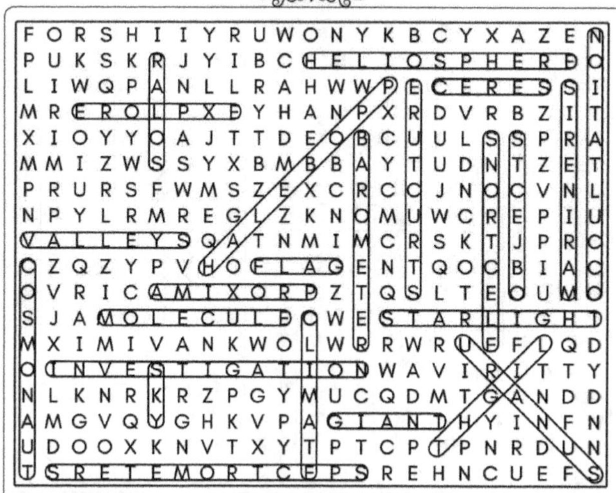

| | | |
|---|---|---|
| LIGHT | ELECTRONS | STARLIGHT |
| HELIOSPHERE | COSMONAUT | URANUS |
| SPECTROMETERS | INVESTIGATION | VALLEYS |
| MARINERIS | OCCULTATION | OBJECTS |
| MOLECULE | GIANT | BAROMETER |
| SOLAR | FLAG | STRUCTURE |
| EXPLORE | CERES | CLIMATE |
| HALE-BOPP | PROXIMA | SKY |

## Puzzle # 37

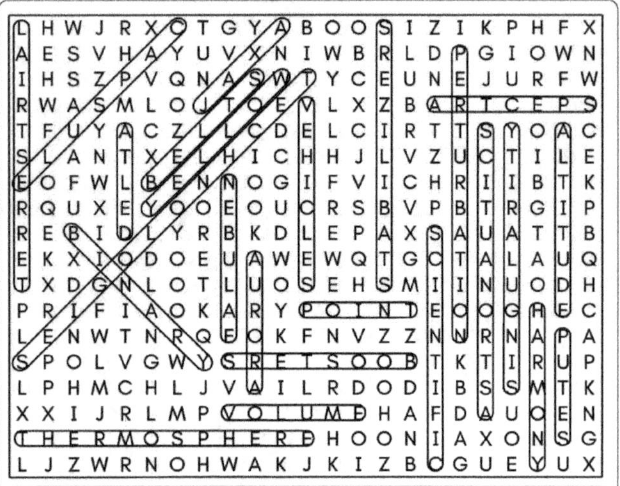

| | | |
|---|---|---|
| NEBULAE | YELLOW | VOLUME |
| ALTITUDE | TERRESTRIAL | SCIENTIFIC |
| TECHNOLOGIES | DELTA | BOOSTERS |
| THERMOSPHERE | HARMONY | SINGULARITY |
| AURORA | BINARY | CAPSULE |
| VEHICLES | ASTRONAUTICS | BELTS |
| SETUP | JAXA | STABILIZERS |
| PERTURBATION | SPECTRA | POINT |

## Puzzle # 38

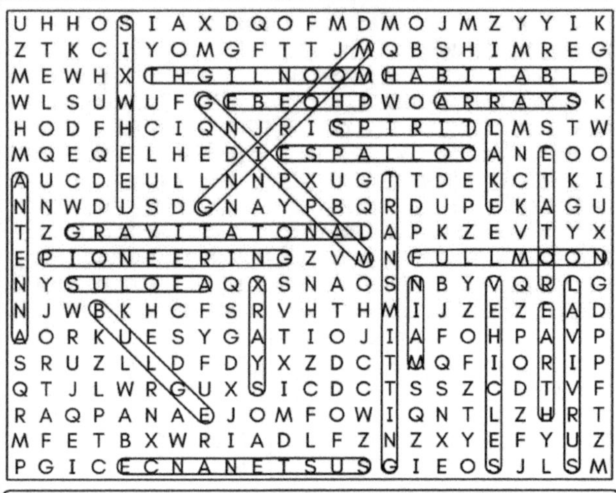

| | | |
|---|---|---|
| ANTENNA | VEHICLES | SIXWHEEL |
| TRANSMITTING | MAPPING | SURVIVAL |
| LAKE | PHOEBE | FULL-MOON |
| BULGE | COLLAPSE | SUSTENANCE |
| MOORING | AEOLUS | PIONEERING |
| ROTATE | HABITABLE | EARTH |
| SPIRIT | X-RAYS | MAIN |
| GRAVITATONAL | ARRAYS | MOONLIGHT |

## Puzzle # 39

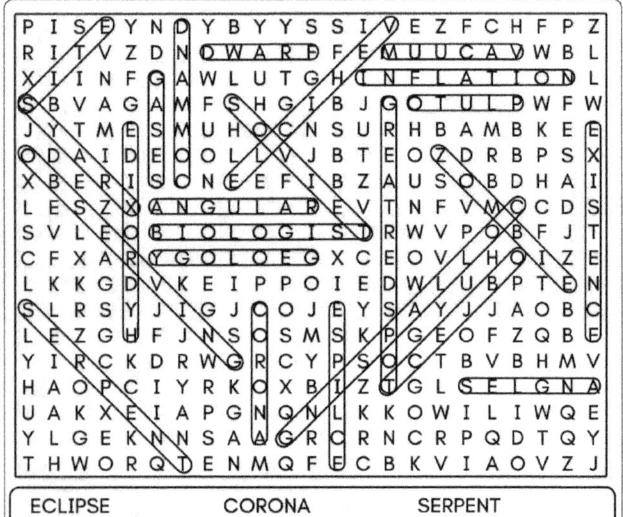

| | | |
|---|---|---|
| ECLIPSE | CORONA | SERPENT |
| GASES | ANGLES | SOVIET |
| VEHICLE | PLUTO | BIOLOGIST |
| GREATREDSPOT | INFLATION | COLLAPSING |
| DWARF | ANGULAR | ZOMBIE |
| VACUUM | HYDROXIDE | COMMAND |
| GEOLOGY | OBSERVING | OBJECT |
| X-RAYS | SITE | EXISTENCE |

## Puzzle # 40

| | | |
|---|---|---|
| WANING | TRITIUM | IONS |
| CAPCOM | DISCOVER | ASTROBIOLOGY |
| TEMPERATURE | BELT | TAIL |
| PREPARING | ZWICKY | SAGITTARIUS |
| ORBITING | DIMENSIONS | SPACEFARER |
| CONTROL | DENSELY | CRUST |
| LIQUIDWATER | CHONDRITES | ANALYZING |
| VERTICAL | STREAMS | SUPERPOSITION |

## Puzzle # 41

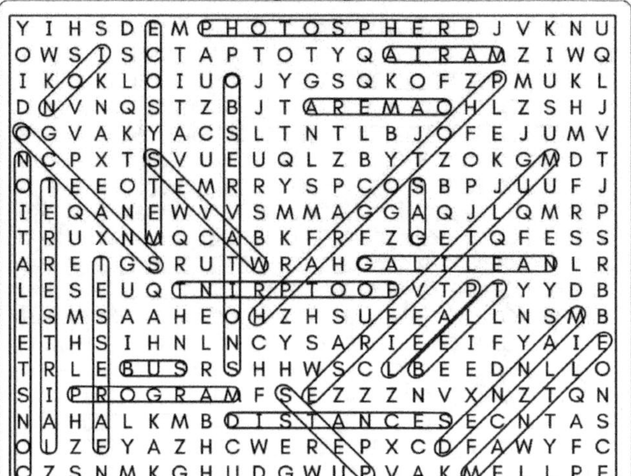

| | | |
|---|---|---|
| CONSTELLATION | WAVES | ION |
| PROGRAM | STEP | MANNED |
| CAMERA | PHOTOSPHERE | OCEANS |
| MANTLE | BELT | MULTIVERSE |
| DISTANCES | GALILEAN | GAS |
| TERRESTRIAL | FOOTPRINT | PHOTOGRAPH |
| OBSERVATIONS | LEAP | ECOSYSTEM |
| TESSERAE | MARIA | SUB |

## Puzzle # 42

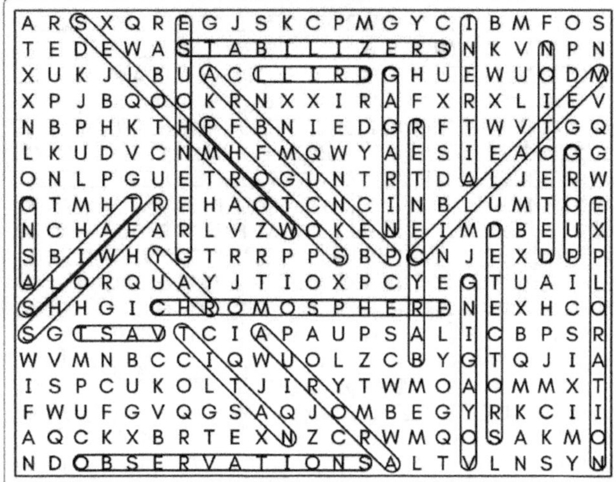

| | | |
|---|---|---|
| WORMHOLES | INERTIA | GAGARIN |
| PHOTOS | TITAN | DRILL |
| TAILS | CNSA | GREENHOUSE |
| CHROMOSPHERE | BARYCENTER | GROUP |
| AURORA | DETECTION | EXPLORATION |
| VOYAGING | OBSERVATIONS | VAST |
| DETECTORS | STABILIZERS | METALLIC |
| SHOWER | PENUMBRA | RAY |

## Puzzle # 43

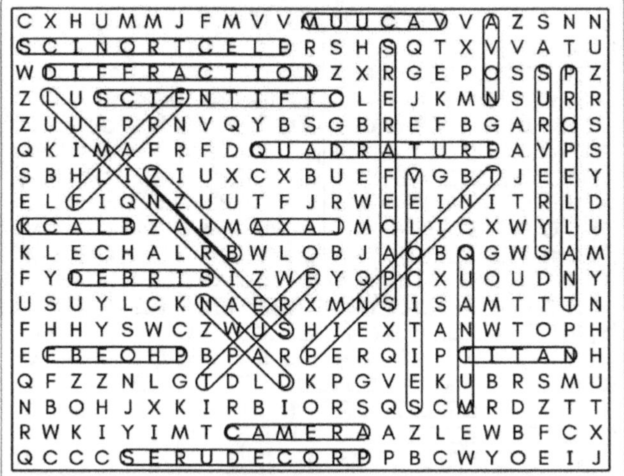

| | | |
|---|---|---|
| NOVA | ERUPT | VACUUM |
| LUMINARIES | QUADRATURE | BUZZ |
| PROCEDURES | SCIENTIFIC | SPACEFARERS |
| PHOEBE | BLACK | SURVERYS |
| DIFFRACTION | QUANTUM | FLARE |
| VELOCITIES | ELECTRONICS | CAMERA |
| TITAN | DAWN | JAXA |
| DEBRIS | PROPELLANT | PINPOINT |

## Puzzle # 44

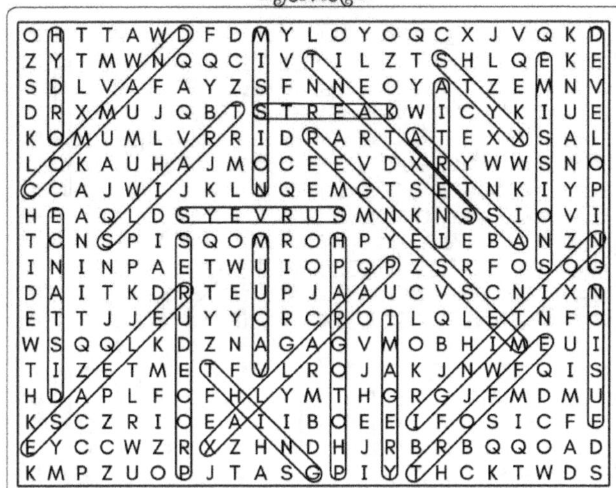

| | | |
|---|---|---|
| DISTANCE | PARALLAX | THING |
| INERTIA | MISSION | PHOTOGRAPH |
| PROCEDURES | MESSENGER | STYX |
| RELEASE | DEVELOPING | TRAILS |
| FUSION | IGNITION | VACUUM |
| HYDRO | EFFORT | COMMAND |
| IMAGERY | EMISSIONS | STREAK |
| SURVEYS | SEXTANT | ASTRA |

## Puzzle # 45

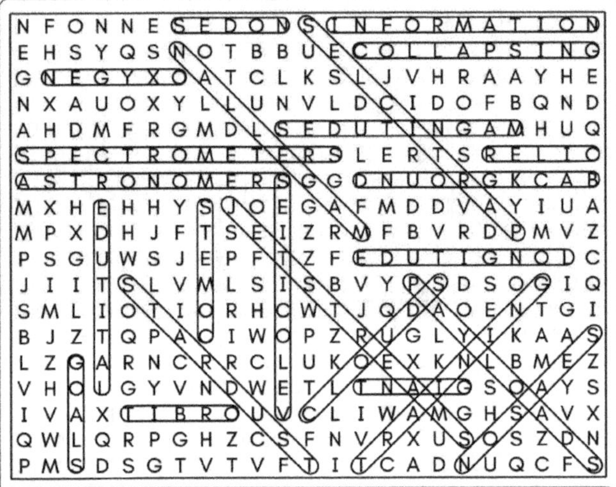

| | | |
|---|---|---|
| ORBIT | GIANT | VELOCITIES |
| PAYLOADS | SPECTROMETERS | ASTRONOMERS |
| MAGELLAN | SEASON | LONGITUDE |
| BACKGROUND | GOALS | COLLAPSING |
| PARTICLES | NODES | JETSTREAMS |
| STARDUST | CLOUDS | INFORMATION |
| OXYGEN | LATITUDE | COMETS |
| RELIC | TRAINING | MAGNITUDES |

## Puzzle # 46

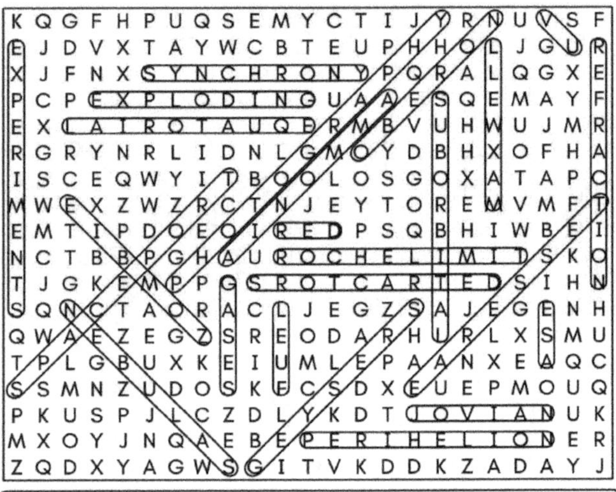

| | | |
|---|---|---|
| PERIHELION | ZOMBIE | JOVIAN |
| SPACEPORT | RED | DETRACTORS |
| PHOTOGRAPHY | ESA | TESSERAE |
| EQUATORIAL | OBERON | UV |
| EXPLODING | GASES | REFRACTION |
| SUBORBITAL | NEBULAS | EXPERIMENTS |
| FUEL | MAXWELL | AMMONIA |
| ROCHELIMIT | GEYSERS | SYNCHRONY |

## Puzzle # 47

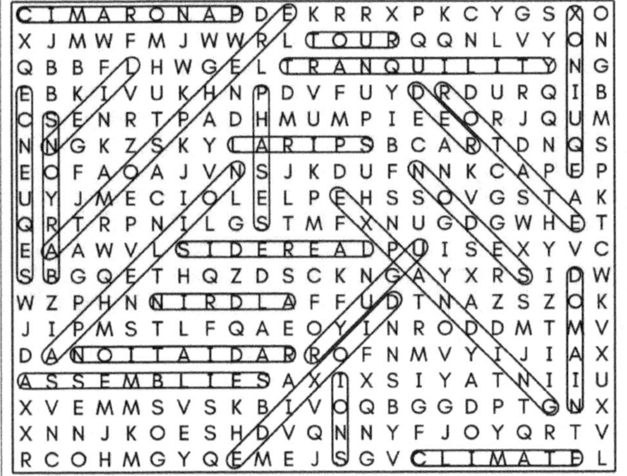

| | | |
|---|---|---|
| ATMOSPHERE | SPIRAL | IONS |
| ALDRIN | TOUR | ROTATE |
| APHELION | RYUGU | PHASES |
| SIDEREAL | BARYONS | ASSEMBLIES |
| RADIATION | NODES | NEIL |
| TRANQUILITY | PANORAMIC | RED |
| CLIMATE | DIOXIDE | EQUINOX |
| SEQUENCE | EXPANDING | DOMAIN |

## Puzzle # 48

| | | |
|---|---|---|
| CELESTIAL | HORIZON | ZODIAC |
| OPTICS | REVOLUTION | ENDEAVOR |
| POPULATIONS | RESOLUTIONS | GREENHOUSE |
| NEO | WOBBLE | SHIELD |
| TELESCOPE | YELLOW | INFINITY |
| WAVES | CAPSULE | ASTRONOMICAL |
| SPACEFARERS | SLS | TENSION |
| IMPACTOR | PROPELLANT | COLLAPSING |

## Puzzle # 49

| | | |
|---|---|---|
| PLANETS | STARLIGHT | GASES |
| SCIENTISTS | ROCK | FORMATIONS |
| ATMOSPHERIC | MARINER | PLANETARY |
| NUCLEAR | BIG | FABRIC |
| YEAR | CORONAS | SPACECRAFT |
| RESOLUTION | DEVICES | VOLCANOES |
| PARABOLIC | POLAR | INTERIOR |
| DIOXIDE | SPECTROMETER | MOONLIGHT |

## Puzzle # 50

| | | |
|---|---|---|
| PARSEC | GAGARIN | SCIENTIFIC |
| ORBITALS | MONITOR | RESEARCHERS |
| TRANSFORMATION | EMISSIONS | LIQUIDWATER |
| MAIN | OBJECTS | SOUTH |
| NODES | GRAVITATIONAL | FARAWAY |
| CRATERS | MEASURING | THEORY |
| ENGINE | INSIGHT | POLES |
| ARMS | SAGITTARIUS | EDGE |

## Puzzle # 51

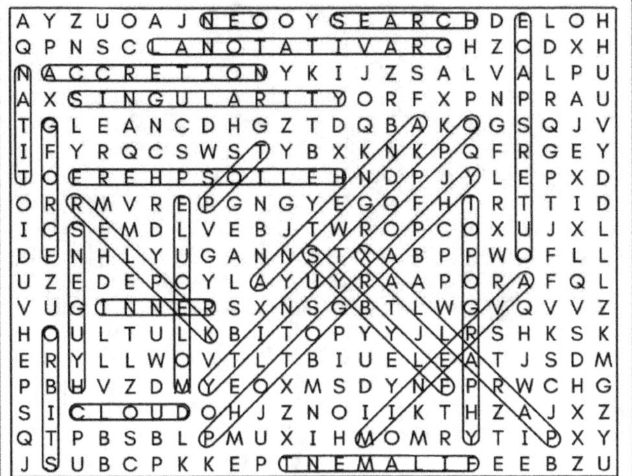

| | | |
|---|---|---|
| ANTENNA | PARALLAX | TOP |
| FILAMENT | OUTERSPACE | INNER |
| MINERVA | PHOTOGRAPHY | TOPOGRAPHY |
| HYUGENS | NEO | GRAVITATONAL |
| ORBITS | KEPLER | MOLECULE |
| HELIOSPHERE | TITAN | CLOUD |
| SEARCH | G-FORCE | OPPORTUNITY |
| FLYBYS | SINGULARITY | ACCRETION |

## Puzzle # 52

| | | |
|---|---|---|
| ENTITIES | ELECTRONICS | LANDING |
| NEPTUNE | STARS | SUN |
| TECHNOLOGIES | BALLISTIC | CLIFF |
| EPHEMERIS | HARMONY | PREPARING |
| ALTITUDES | PIONEER | ORBITER |
| AGE | LENS | MEASURING |
| STATION | STAGE | METAL |
| PULL | BETELGEUSE | SUPERCLUSTERS |

# Puzzle # 53

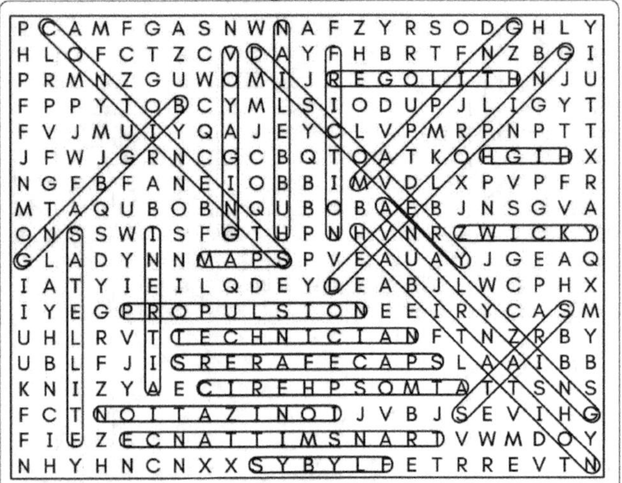

| | | |
|---|---|---|
| SATELLITE | IONIZATION | PROPULSION |
| STARS | MAPS | MAPPING |
| TRANSMITTANCE | ATMOSPHERIC | CONTINENTS |
| FLYBYS | REGOLITH | ANALYZING |
| BIGBANG | INERTIA | VOYAGING |
| HUBBELIAN | DISCOVERY | TECHNICIAN |
| SPACEFARERS | HABITATION | HIGH |
| FRICTION | DEVELOPING | ZWICKY |

# Puzzle # 54

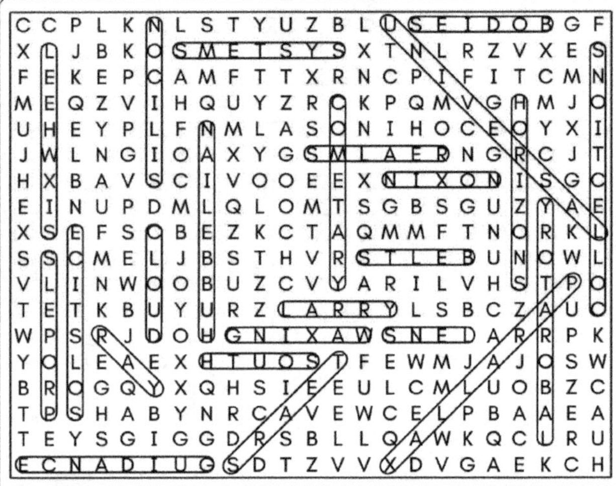

| | | |
|---|---|---|
| WAXING | REALMS | LABORATORY |
| COMETARY | GUIDANCE | SYSTEMS |
| LENS | CLOUD | COLLECTIONS |
| PROPELS | TEARS | LARRY |
| PARALLAX | SOLSTICE | HORIZONS |
| UNIVERSAL | NIXON | SIXWHEEL |
| HUBBELIAN | BELTS | SILICON |
| RAY | BODIES | SOUTH |

# Puzzle # 55

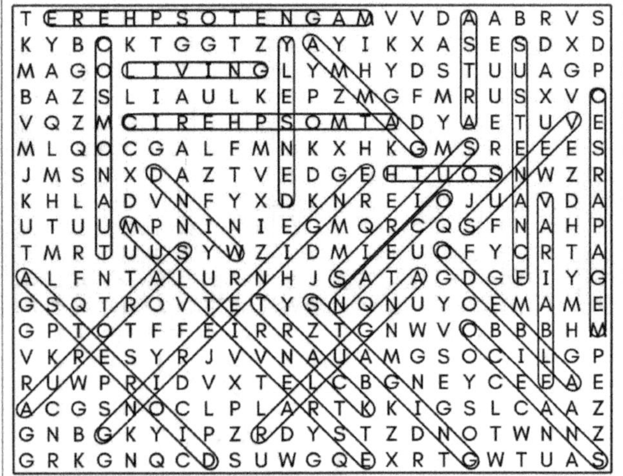

| | | |
|---|---|---|
| GAMMA | ASTEROID | COSMONAUT |
| WIND | VENUS | OCEANS |
| ATMOSPHERIC | ALBEDO | VARIABLE |
| MULTIVERSE | SUSTENANCE | ASTRA |
| ANGULAR | STAGING | ENGINEERING |
| MAGNETOSPHERE | DENSELY | OCEAN |
| LIVING | AURORAS | SIRIUS |
| TRACK | MEGAPARSEC | SOUTH |

# Puzzle # 56

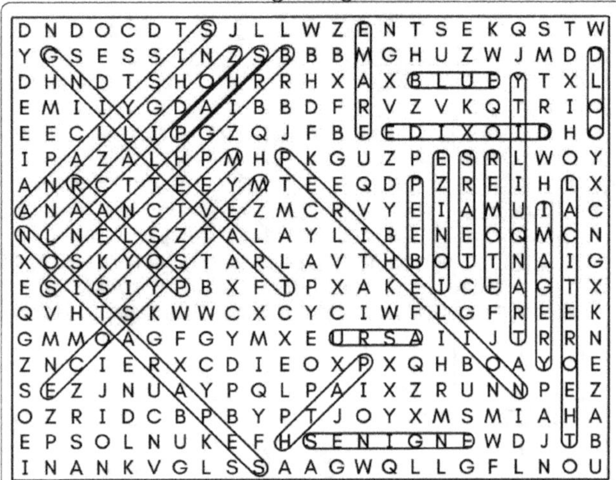

| | | |
|---|---|---|
| PERIHELION | ZODIACAL | ENGINES |
| TRANQUILITY | ANALYSIS | THEORETICAL |
| ECOSYSTEM | COLD | BLUE |
| SEPARATION | TEARS | URSA |
| BRIGHTNESS | IONIZE | BEEP |
| TRAVELLING | REMOTE | IMAGERY |
| SYSTEM | POLAR | DIOXIDE |
| PATH | SHAP | FRAME |

## Puzzle # 57

| | | |
|---|---|---|
| PULSAR | PARSEC | INFINITE |
| DEEP | NODES | ASTOUNDING |
| CLOUDS | LIVING | CONVECTION |
| ANALYZING | EVA | RING |
| YEAR | ZODIACAL | ELLIPSE |
| VORTEX | ENGINES | TRAVEL |
| PROBING | SUNLIGHT | BOLIDE |
| PATH | EXISTENCE | MOONLIGHT |

## Puzzle # 58

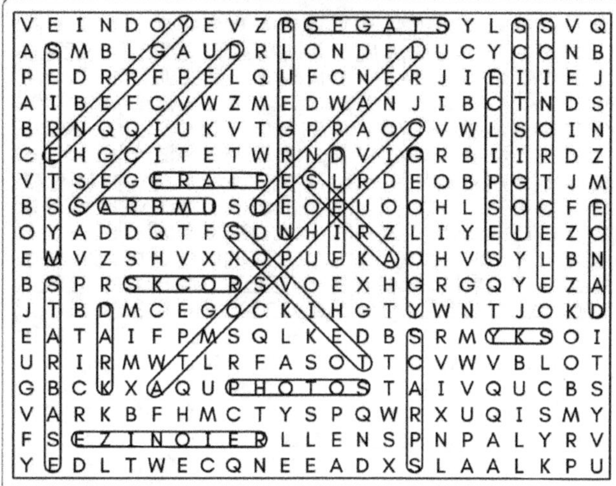

| | | |
|---|---|---|
| ENERGY | REIONIZE | FLARE |
| SOVIET | GEOLOGY | FIELD |
| ATMOSPHERIC | ARES | BLUE-GREEN |
| ECLIPSES | STAGES | SKY |
| DARK | STARBASE | ELECTRONICS |
| PHOTOS | DEVICES | ROCKS |
| LOGISTICS | SCARPS | DANCE |
| UMBRA | MYSTERIES | LEARNED |

## Puzzle # 59

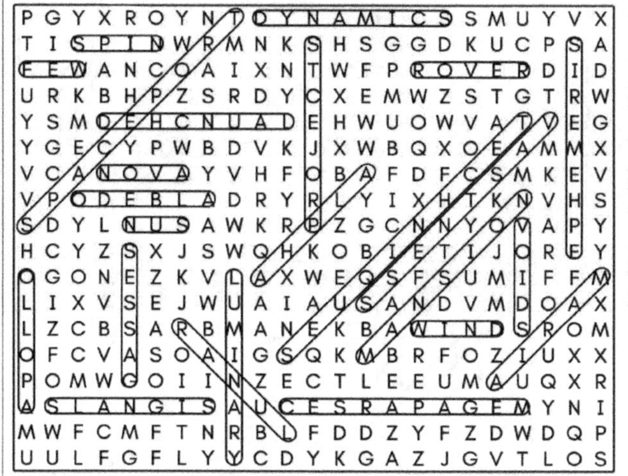

| | | |
|---|---|---|
| ALPHA | FEW | MANSION |
| SPACEPORT | PROJECTS | LAUNCHED |
| ROVER | TECHNIQUES | ALBEDO |
| SPIN | MARIA | VASTNESS |
| NOVA | LUNAR | LUMINARY |
| DYNAMICS | SIGNALS | APOLLO |
| WIND | SUN | GASSES |
| EPHEMERIS | VOIDS | MEGAPARSEC |

## Puzzle # 60

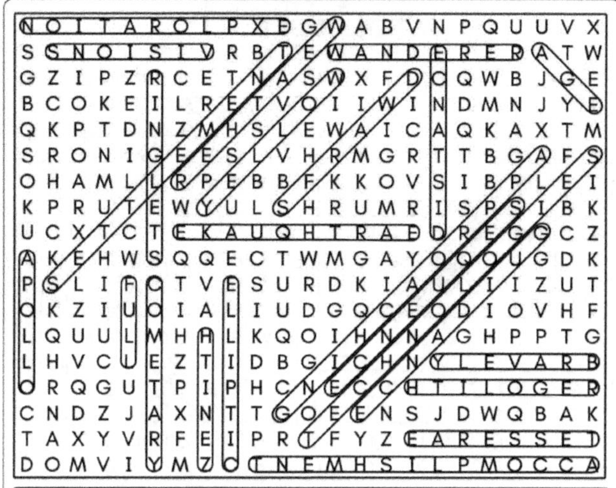

| | | |
|---|---|---|
| ZENITH | YELLOW | GUIDANCE |
| ACCOMPLISHMENT | APOLLO | AGE |
| DWARFS | APPROACHING | WEATHER |
| RINGLETS | FULL | SETTLEMENT |
| DISTANCE | COMETARY | BRAVELY |
| EXPLORATION | WANDERER | VISIONS |
| TECHNOLOGIES | TESSERAE | EARTHQUAKE |
| REGOLITH | SEQUENCE | ELLIPTIC |

## Puzzle # 61

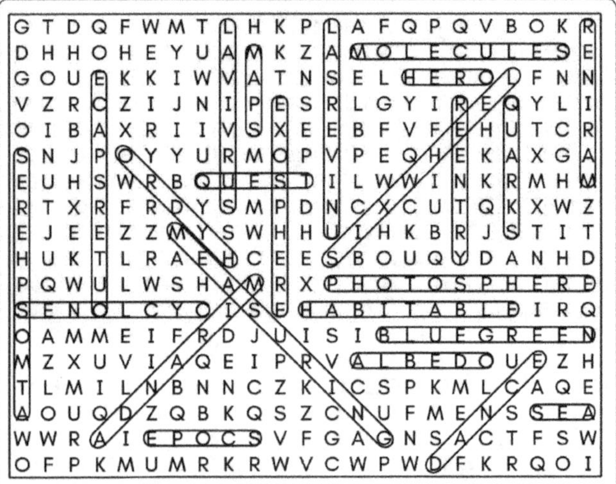

| | | |
|---|---|---|
| QUARKS | UNIVERSAL | OUTERSPACE |
| ATMOSPHERES | QUEST | MAPS |
| MEASURING | SCOPE | EXOSPHERE |
| ALBEDO | CYCLONES | MIRANDA |
| HYDRO | REENTRY | HERO |
| SIXWHEEL | MOLECULES | PHOTOSPHERE |
| HABITABLE | SURVIVAL | MARINER |
| SEA | BLUE-GREEN | DANCE |

## Puzzle # 62

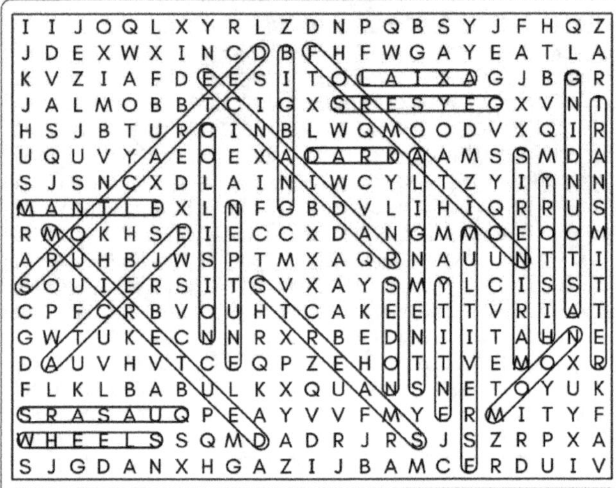

| | | |
|---|---|---|
| BIGBANG | DARK | DEUTERIUM |
| ENTITY | MOON | HISTORY |
| WHEELS | MANTLE | FORMATION |
| GEYSERS | EJECTA | MULTIVERSE |
| QUASARS | COLLISION | NODES |
| TRANSMITTER | NEPTUNE | ASTOUNDING |
| DETRACTORS | MARINERIS | AXIAL |
| RADIANCE | ALIGNMENTS | STREAMS |

## Puzzle # 63

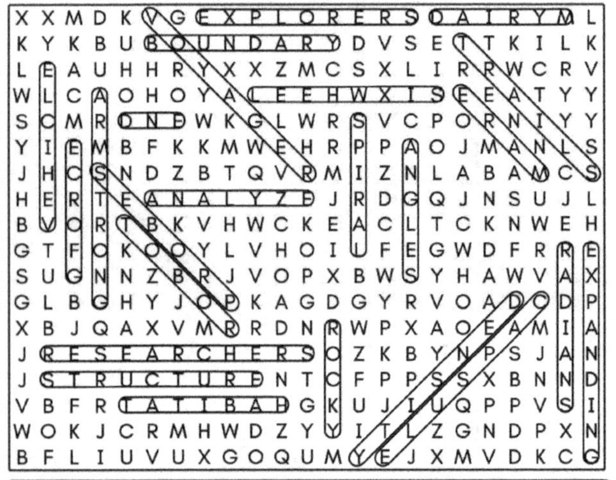

| | | |
|---|---|---|
| SPIRAL | MYRIAD | CAPSULE |
| ARMSTRONG | VEHICLE | EXPLORERS |
| STRUCTURE | ANALYZE | HABITAT |
| DENSITY | EXPANDING | END |
| RADIANS | ANGLES | PROBES |
| MARE | VOYAGER | SIXWHEEL |
| BOUNDARY | RESEARCHERS | G-FORCE |
| ROCKY | ROBOT | TRAILS |

## Puzzle # 64

| | | |
|---|---|---|
| UNIVERSE | COMET | JET |
| ZETA | HYDROXIDE | ENDEAVOR |
| WATER | HABITAT | OPPORTUNITY |
| ARIEL | IMPACTS | VOIDS |
| ZENITH | VOLUME | SERPENT |
| NEUTRINOS | SMALLSTEP | COLLECTIONS |
| SEARCH | VALLEYS | AXIAL |
| ROCKY | PROTOSTAR | SPATIAL |

## Puzzle # 65

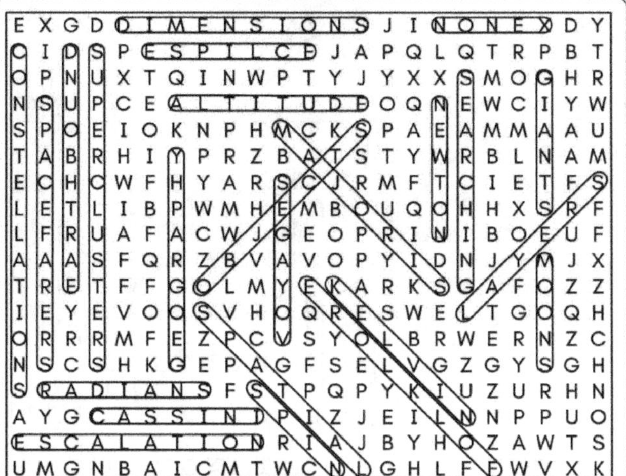

| | | |
|---|---|---|
| ECLIPSE | MAJORIS | SPACEFARERS |
| GEOGRAPHY | KELVIN | SUPERCLUSTERS |
| GIANTS | EARTHBOUND | ALTITUDE |
| NEWTON | ESCALATION | SPIN |
| MOONS | DIMENSIONS | OBJECTS |
| CONSTELLATIONS | SEARCHING | VOYAGES |
| RADIANS | SPATIAL | LAYERS |
| CASSINI | XENON | FOLKLORE |

## Puzzle # 66

| | | |
|---|---|---|
| IGNITION | ELECTRONS | OUTERSPACE |
| HUBBELIAN | GASEOUS | CERES |
| VAST | APHELION | AMMONIA |
| TRITON | TERMINATOR | SITE |
| CARBON | RADIO | STRUCTURE |
| ORBITERS | ANALYZE | MATERIALS |
| COSMOLOGISTS | THEREDSTAR | ENCELADUS |
| PULL | ULTRA | MAJOR |

## Puzzle # 67

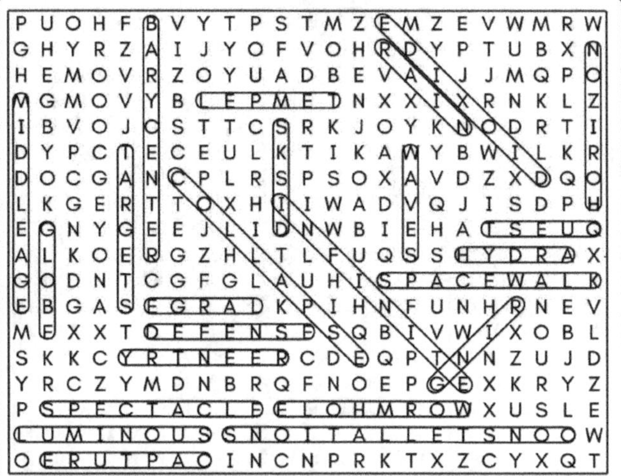

| | | |
|---|---|---|
| HORIZON | WAVES | LUMINOUS |
| SPACEWALK | SPECTACLE | RAIN |
| MIDDLE-AGE | DEFENSE | DIOXIDE |
| CONSTELLATIONS | LARGE | WORMHOLE |
| INFINITE | DISKS | REENTRY |
| GLOBE | QUEST | CAPTURE |
| HYDRA | TEMPEL | BARYCENTER |
| COLLAPSE | TARGETS | RING |

## Puzzle # 68

| | | |
|---|---|---|
| CORONAS | IONIZATION | COMMAND |
| WANDERER | ASTROPHYSICS | OPERATION |
| TSUNAMI | POLAR | HYUGENS |
| MINERAL | INFLATION | TRAILS |
| MASSIVE | GUIDANCE | SYSTEMS |
| HISTORY | EXPLORE | TEMPERATURE |
| MARINERIS | GANYMEDE | SPECTROSCOPY |
| BASALT | PATHWAYS | NORTH |

## Puzzle # 69

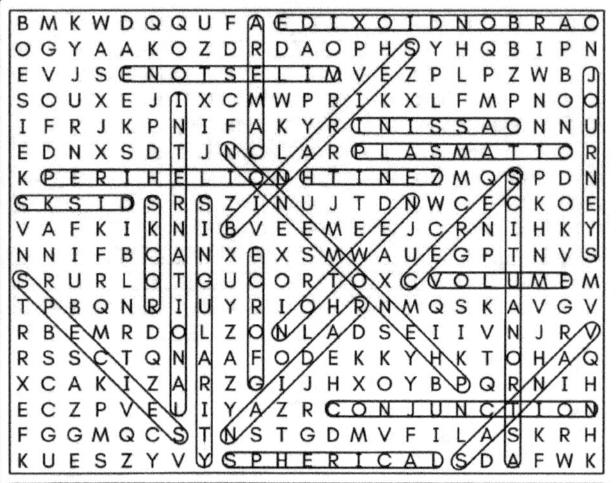

| | | |
|---|---|---|
| ZENITH | NEWTON | RADIAN |
| BINARIES | MILESTONE | ASTRONAUTICS |
| CAMERA | CERES | ROCKS |
| INTERNATIONAL | CARBONDIOXIDE | CONJUNCTION |
| PERIHELION | VOLUME | JOURNEYS |
| DISKS | SPHERICAL | PLASMATIC |
| CASSINI | PHENOMENON | SATNAV |
| G-FORCE | SPECIES | SINGULARITY |

## Puzzle # 70

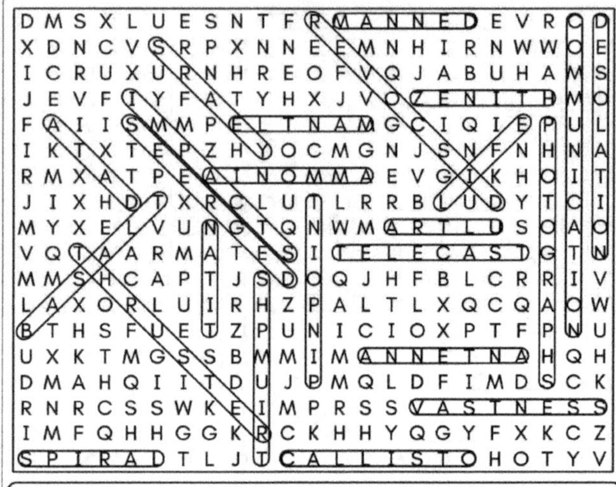

| | | |
|---|---|---|
| ANTENNA | SPIRAL | TRIUMPHS |
| TELECAST | DISCOVER | TITAN |
| DESOLATION | THRUSTER | DEGREES |
| AMMONIA | BASALT | PINPOINT |
| ZENITH | LIFE | MANNED |
| DATA | YEARS | COMMUNICATION |
| PHOTOGRAPHS | MANTLE | CALLISTO |
| IMPACTS | ULTRA | VASTNESS |

## Puzzle # 71

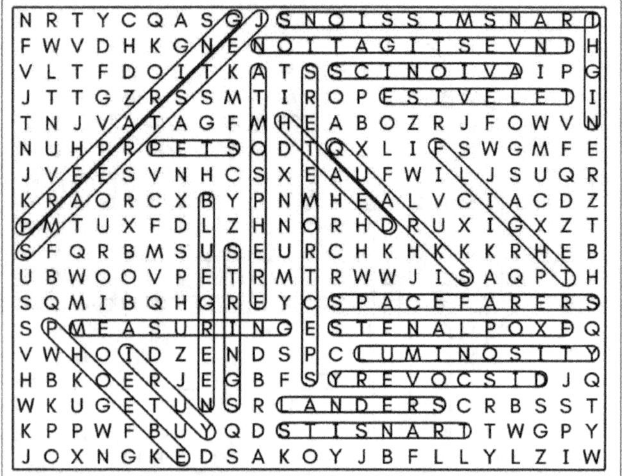

| | | |
|---|---|---|
| ATMOSPHERE | QUARKS | AVIONICS |
| YURI | TELEVISE | INVESTIGATION |
| TRANSMISSIONS | LANDERS | EXOPLANETS |
| NIGHT | BLUE-GREEN | STRINGS |
| LUMINOSITY | JETSTREAMS | FLIGHT |
| STEP | SPECTROMETERS | DISCOVERY |
| MEASURING | SPACEFARERS | TRANSITS |
| PHOEBE | DEATH | PREPARING |

## Puzzle # 72

| | | |
|---|---|---|
| ANTENNA | FEW | CARBON |
| SOLAR | TRIUMPHS | PROGRAMMING |
| AGE | KNOWLEDGE | EXOPLANET |
| CAPTURE | TIDES | ROBOT |
| WAXING | ERUPTION | ASTEROID |
| KILO | SMALLSTEP | SYSTEMS |
| SPECTRAL | NORTHERN | RADAR |
| PHASES | PINPOINT | AUTONOMY |

## Puzzle # 73

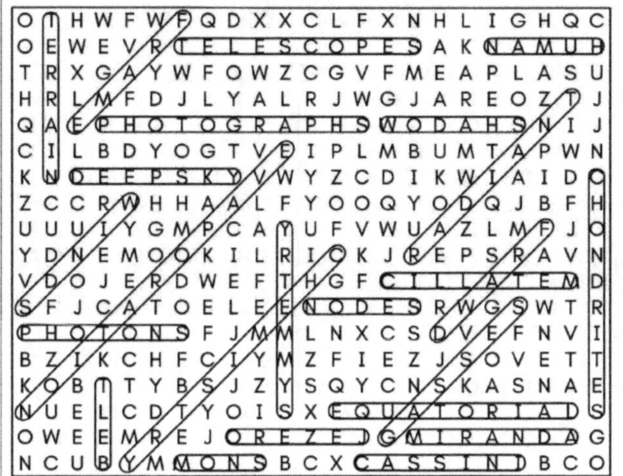

| | | |
|---|---|---|
| PHOTONS | NODES | SYMMETRY |
| TERRAIN | CHEMISTRY | TELESCOPES |
| MONS | METALLIC | MIRANDA |
| BELT | SHADOW | DEEPSKY |
| DWARF | RADIANT | HUMAN |
| CASSINI | PHOTOGRAPHS | GASSES |
| JEZERO | EQUATORIAL | WINDS |
| CHONDRITES | EVAPORATION | FRAME |

## Puzzle # 74

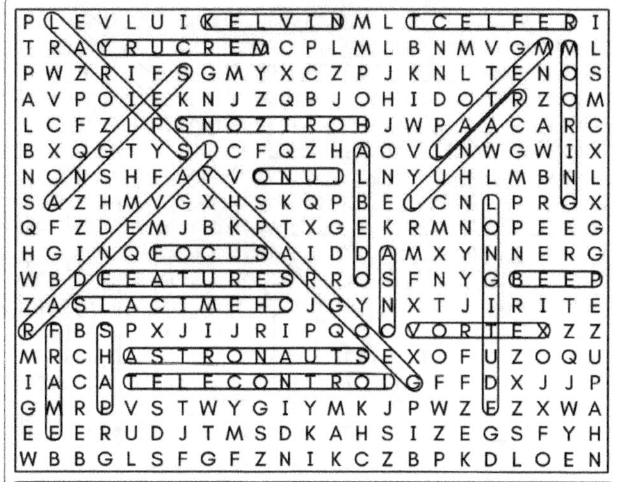

| | | |
|---|---|---|
| SPIRAL | MOORING | HORIZONS |
| ANGLES | REFLECT | ASTRONAUTS |
| TELECONTROL | JUNO | MERCURY |
| CNSA | LONGITUDE | SHAP |
| LUNAR | KELVIN | LAVENDAR |
| VORTEX | BEEP | GEOGRAPHY |
| FEATURES | CHEMICALS | FOCUS |
| ALBEDO | METAL | FRAME |

## Puzzle # 75

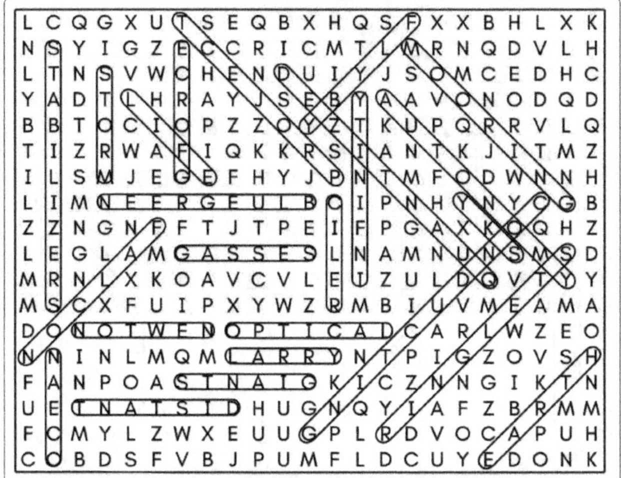

| | | |
|---|---|---|
| NEWTON | MOORING | LIFE |
| PROJECT | CONDUCTING | OCEAN |
| FALCON | STABILIZERS | EARTH |
| BLUE-GREEN | RELIC | LARRY |
| OPTICAL | INFINITY | QUANTIZED |
| FLYBY | STORM | DISTANT |
| G-FORCE | GASSES | RINGLETS |
| GIANTS | AUTONOMY | SKY |

## Puzzle # 76

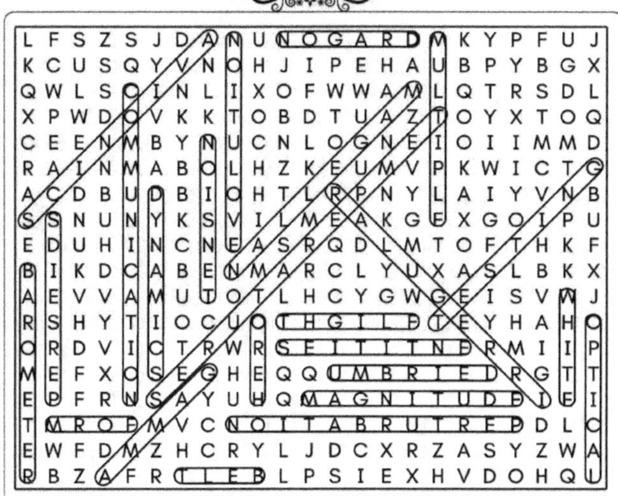

| | | |
|---|---|---|
| GAMMA | ENTITIES | MAGNITUDE |
| FLIGHT | HERO | EVOLUTION |
| TEMPERATURES | MAGELLAN | UMBRIEL |
| PERSEIDS | MULTIPLE | IRREGULAR |
| OPTICAL | BAROMETER | AVIONICS |
| DYNAMICS | TESTING | COMMUNICATION |
| DRAGON | TENSION | BELT |
| PERTURBATION | WHITE | FORM |

## Puzzle # 77

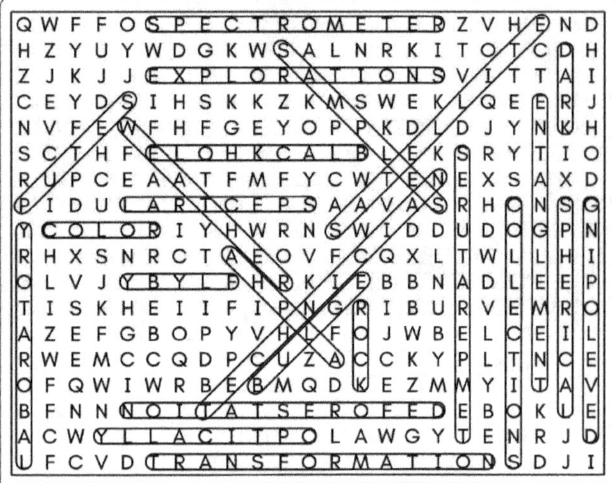

| SATELLITE | BLACKHOLE | DARK |
|---|---|---|
| SPHERICAL | SAMPLES | SPECTRAL |
| ROCK | TECHNICIAN | ENTANGLEMENT |
| SETUP | DEFORESTATION | SPECTROMETER |
| ALPHA | LABORATORY | OPTICALLY |
| FLYBY | EXPLORATIONS | COLOR |
| COLLECTIONS | TEMPERATURES | TRANSFORMATION |
| WEATHER | BULGE | DEVELOPING |

## Puzzle # 78

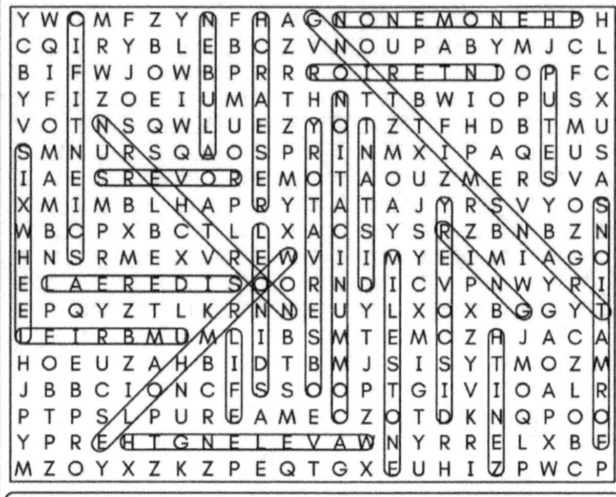

| NEBULA | ZENITH | WAVELENGTH |
|---|---|---|
| RESEARCH | ROVERS | TRANSMITTING |
| DISCOVERY | FORMATIONS | SETUP |
| INTERIOR | LEONIDS | WORMHOLE |
| OBSERVATORY | LIFE | MILESTONE |
| SIXWHEEL | SCIENTIFIC | COMMUNICATION |
| NORTHERN | PHENOMENON | DISTANT |
| UMBRIEL | SIDEREAL | RING |

## Puzzle # 79

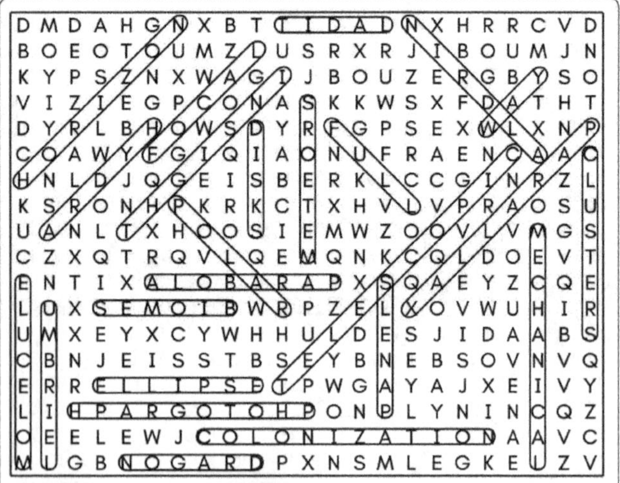

| HORIZON | MOLECULE | ELLIPSE |
|---|---|---|
| PARABOLA | PHOTOGRAPH | FOCAL |
| DRAGON | POLAR | PANELS |
| TIDAL | FULL | MECHANICAL |
| PARALLAX | CLUSTERS | DISKS |
| ALDRIN | TELESCOPIC | BIOMES |
| INSIGHT | UMBRIEL | HYDRA |
| METEORS | WAY | COLONIZATION |

## Puzzle # 80

| PARTICLES | TELESCOPE | BEEPING |
|---|---|---|
| MANNED | EXPLORERS | SIXWHEEL |
| EXPLORE | TECHNICIAN | THEORY |
| SATNAV | OXIDE | NEW-MOON |
| OBSERVATORY | HYDROGEN | APOLLO |
| HUBBLE | MARS | FEATURES |
| VISIONS | GEOLOGICAL | PRINCIPLES |
| DRAGON | TETHYS | PROXIMA |